Sous les décombres de l'hôtel Montana
Récit d'un survivant du séisme en Haïti

LES ÉDITIONS DES INTOUCHABLES
512, boul. Saint-Joseph Est, app. 1
Montréal (Québec)
H2J 1J9
Téléphone : 514 526-0770
Télécopieur : 514 529-7780
www.lesintouchables.com

DISTRIBUTION : PROLOGUE
1650, boul. Lionel-Bertrand
Boisbriand (Québec)
J7H 1N7
Téléphone : 450 434-0306
Télécopieur : 450 434-2627

Impression : Transcontinental
Conception graphique : Mathieu Giguère
Photographie de la couverture : Miguel Ramiro Granja Zambrano
Révision : Sylvie Martin, Nicolas Therrien
Correction : Annie-Christine Roberge

Les Éditions des Intouchables bénéficient du soutien financier
du gouvernement du Québec — Programme de crédit d'impôt
pour l'édition de livres — Gestion SODEC et sont inscrites au
Programme de subvention globale du Conseil des Arts du Canada.

Nous reconnaissons l'aide financière du gouvernement du Canada
par l'entremise du Programme d'aide au développement de
l'industrie de l'édition (PADIÉ) pour nos activités d'édition.

Membre de l'Association nationale des éditeurs de livres.

Société
de développement
des entreprises
culturelles
Québec

ASSOCIATION
NATIONALE
DES ÉDITEURS
DE LIVRES

Conseil des Arts
du Canada

Canada Council
for the Arts

Dépôt légal : 2010
Bibliothèque et Archives nationales du Québec
Bibliothèque nationale du Canada

ISBN : 978-2-89549-423-2

Marc Perreault

Sous les décombres de l'hôtel Montana

RÉCIT D'UN SURVIVANT DU SÉISME EN HAÏTI

LES INTOUCHABLES

Pour Maxime, Roxanne, Anthony
et mon petit ange, Gabrielle.

«On passe le temps à faire des plans pour le lendemain
Pendant que le beau temps passe et nous laisse vide et incertain
On perd trop de temps à suer et s'écorcher les mains
À quoi ça sert si on n'est pas sûr de voir demain
À rien

Alors on vit chaque jour comme le dernier
Et vous feriez pareil si seulement vous saviez
Combien de fois la fin du monde nous a frôlés
Alors on vit chaque jour comme le dernier
Parce qu'on vient de loin»

Corneille, *Parce qu'on vient de loin*

1 — Je m'appelle Marc Perreault.

J'ai quarante ans et je suis ingénieur. La vie m'a offert trois beaux enfants que j'aime bien au-delà des mots. J'ai pu profiter d'une excellente éducation. Le métier que j'exerce est des plus gratifiants ; il est fort bien rémunéré et il satisfait pleinement mon besoin viscéral de relever des défis. Je suis un homme jovial, énergique et volontaire. Exception faite d'un léger problème d'asthme, j'ai toujours joui d'une bonne santé. J'adore l'entraînement et la méditation. Je suis de ces gens qui aspirent à atteindre le meilleur équilibre qui soit entre le corps et l'esprit. J'ai pratiqué le judo, le taekwondo et le karaté. J'ai d'ailleurs enseigné cette dernière discipline. Durant la majeure partie des épreuves qui ont mené à l'écriture de ce livre, j'ai pu compter sur l'affection et le dévouement de mon frère Yves. Cet homme, sous ses allures intimidantes de bandit, est un peintre-sculpteur passionné, engagé et très talentueux. Merci à toi, petit frère, pour le soutien que tu m'as apporté au cours des semaines difficiles qui ont succédé à mon retour d'Haïti. Tu étais mon phare dans le brouillard. Je t'aime.

Je n'ai pas l'habitude de parler de moi. De plus, je considère que les biographies n'ont de sens que si elles traitent d'individus hors du commun. Marc Perreault est très loin de faire partie de ce groupe sélect. Bien entendu, je suis le personnage principal du livre que vous tenez en ce moment, mais mon témoignage est d'abord celui d'un homme ordinaire qui a eu le malheur d'être plongé au cœur de l'une des plus grandes catastrophes de l'histoire de notre civilisation. Cette situation fut aussi terrorisante qu'invraisemblable. En me livrant ainsi à vous, mon but n'est certainement pas de jouer les victimes. Sachez que, pour rien au monde, je ne voudrais revivre une telle expérience. Mais, malgré les conséquences physiques et psychologiques qui m'incommodent en ce moment, je peux vous assurer que cette épreuve m'a fait grandir. Même si cette dernière phrase ressemble à ces clichés éculés qui remplissent les livres de croissance personnelle, elle représente parfaitement la transformation qui s'est opérée en moi. Aujourd'hui, je chéris chaque instant de ma vie comme jamais je ne l'ai fait auparavant. Si, par ce récit, je parvenais à transmettre, ne serait-ce qu'à une seule personne, un léger soupçon de la lumière qui m'inonde, j'en serais satisfait. D'autre part, et malgré les douleurs qui me rappellent sans cesse cet épouvantable épisode, il est encore nécessaire pour moi de me convaincre que tout cela s'est bel et bien passé. Comme il est sain de crever un abcès douloureux, j'éprouve le besoin de purger mes pensées des angoisses engendrées par la longue et pénible suite d'événements que j'ai vécus durant les heures, les jours et les semaines qui ont suivi l'effondrement de l'hôtel Montana. Je réalise que, devant l'ampleur de ce désastre, ma mésaventure ne représentait qu'un minuscule échantillon de l'horreur et de la détresse qui se sont abattues sur le peuple haïtien en cette funeste fin d'après-midi du 12 janvier 2010. Je dois d'ailleurs souligner que, tandis que j'étais enseveli sous les débris, je n'avais pas la moindre idée de la désolation qui régnait dans Port-au-Prince. À l'intérieur de mon étroit cercueil composé de béton, d'acier tordu et d'éclats de verre, je m'accrochais à la vie en ne soupçonnant même pas que la mort avait déjà emporté plus d'une centaine de milliers d'infortunés. Malgré les hurlements inhumains qui se faisaient entendre dans les décombres du Montana, j'étais seul. Atrocement seul.

Cette histoire commença en décembre 2009, quand, deux semaines avant Noël, je reçus un appel de mon collègue Serge Marcil. Cet ancien ministre libéral agissait, depuis quelques années, à titre de vice-président en développement des affaires pour mon employeur : la firme d'ingénierie SM International.

Serge, qui connaissait très bien Haïti, où il avait habité et travaillé durant quelques années, communiquait avec moi pour m'annoncer que la compagnie Tecina, un entrepreneur de l'endroit, cherchait un partenaire afin de présenter une soumission en réponse à un appel d'offres ayant pour objet la construction de deux ponts. Étant donné que, chez SM International, je dirige le département des ponts et ouvrages d'art, j'étais le candidat tout désigné pour mener à bien ce travail. Après en avoir discuté avec Serge Marcil, j'acceptai de l'accompagner là-bas.

La rencontre avec les représentants de Tecina devait avoir lieu aux alentours du 5 janvier. Mais, avant notre départ, la firme SMI recueillit une seconde proposition qui concernait l'édification d'une académie de police dans la commune de Ganthier, une localité située à une trentaine de kilomètres de Port-au-Prince. Ce projet d'envergure était financé par l'Agence canadienne de développement international (ACDI). Il incluait, entre autres choses, la construction de bureaux, de résidences, d'amphithéâtres, de terrains de jeux et d'aires d'entraînement. De manière à assurer la sécurité d'un tel complexe, il était aussi nécessaire de l'entourer d'une enceinte dotée de miradors. Puisque, en plus de mon expertise en ponts et ouvrages d'art, je possède une grande compétence dans le domaine du bâtiment, on me convia à prendre part aux deux projets. Le 25 décembre, afin de profiter de quelques jours de repos, je m'envolai en direction de la République dominicaine. À mon retour au travail, j'appris que notre départ pour Haïti serait retardé. Mes supérieurs m'expliquè-rent alors qu'une réunion obligatoire devait se dérouler sur le site réservé à la construction de l'académie de police. Ce rendez-vous devait se tenir le 14 janvier. Pour des raisons pratiques, il avait été convenu de concilier, dans le courant de cette même semaine, les rencontres que nous devions avoir avec les dirigeants de Tecina et de l'ACDI. Bien entendu, personne n'aurait pu envisager les bouleversements qu'entraînerait cette légère modification de notre emploi du temps. Pourtant, quelques semaines avant les fêtes, j'avais eu l'inspiration de téléphoner à mon frère Yves pour lui dévoiler la combinaison de mon coffre-fort en lui expliquant que, s'il m'arrivait malheur, l'argent qui s'y trouvait pourrait se révéler utile. Je ne suis pas d'une nature craintive. Par le passé, j'avais entrepris de nombreux voyages sans jamais ressentir le besoin d'agir de la sorte. Or, même si la raison m'impose, encore aujourd'hui, d'attribuer cette soudaine et inhabituelle précaution à un heureux hasard, je mentirais en affirmant que j'en suis pleinement convaincu.

2 — Dans la matinée du 12 janvier,

je me rendis à l'aéroport Montréal-Trudeau. En patientant dans la file d'attente qui conduisait au comptoir d'enregistrement des bagages, j'observai les nombreux Haïtiens qui m'entouraient. La quantité de marchandises qu'ils emportaient avec eux était impressionnante. Bien sûr, en raison des pénuries de toutes sortes qui touchaient leur pays d'origine, il était bien normal qu'on les autorise ainsi à dépasser la limitation habituelle du nombre de bagages. La scène avait tout de même un petit quelque chose d'irréel. J'eus la vague impression d'assister à un exode. J'avais donné rendez-vous à Martine Garneau, mon ex-belle-mère. Cette dernière, par un curieux hasard, s'apprêtait, elle aussi, à s'envoler vers Port-au-Prince. Martine participait à certains projets d'aide humanitaire en Haïti. Mais, quelques jours auparavant, j'avais été très étonné d'apprendre que les circonstances nous amèneraient à voyager dans le même avion. J'invitai cette charmante dame à prendre le petit déjeuner en ma compagnie. Elle me déclara qu'elle me trouvait beau. Elle soupçonna même la serveuse du restaurant d'avoir un œil sur moi ! Après le repas, avec l'entrain qui la caractérise, la grand-mère de mes enfants me présenta aux personnes qui complétaient l'équipe de bénévoles dont elle faisait partie. Le périple que ce groupe se préparait à entreprendre devait durer cinq mois. Un député haïtien qui rentrait chez lui vint saluer ces gens charitables qui allaient ajouter leur contribution à la reconstruction de son pays. Un pays qui, malgré les calamités qui l'affligeaient depuis trop longtemps, et qui, grâce à l'aide enfin concrète que lui apportaient les efforts conjugués de plusieurs nations, voyait naître peu à peu l'espoir de jours moins sombres. Malheureusement, comme l'humanité entière le constaterait, quelques heures après, avec une tristesse mêlée de frayeur, la fatalité n'avait pas dit son dernier mot.

Un peu plus tard, Serge Marcil se joignit à nous. Il ne tarda pas à fraterniser avec le politicien antillais. Mon collègue, à l'époque où il travaillait pour l'Agence canadienne de développement international, enseignait la politique en Haïti. Si je me rappelle bien, les cours de formation qu'il donnait là-bas traitaient surtout de la manière d'établir les structures d'un parlement. En dehors du travail, il m'est rarement arrivé de côtoyer Serge. Cet homme fier et dynamique avait cependant toute mon admiration. C'était un gagnant, et il aimait s'entourer d'individus qui lui ressemblaient sur ce point. Son incomparable expertise en développement des affaires m'a souvent été utile dans le cadre de ma profession, et la confiance dont il a toujours fait preuve à mon endroit me touchait sincèrement.

Ce matin-là, il faisait beau sur Montréal. Comme prévu, notre appareil décolla à 9 h 50. Grâce à des annulations de dernière minute, Serge était parvenu à nous obtenir des places en classe affaires. Le voyage fut des plus agréables. À l'heure du repas, je commandai du saumon. Mon collègue fit de même. J'évoque ce souvenir parce que, avec du recul, je réalise que de semblables détails illustrent bien à quel point chaque instant de la vie mérite qu'on s'y attarde ; au moment où j'expédiais machinalement ce succulent repas, j'étais bien loin de me douter qu'il me faudrait plusieurs semaines avant que mon corps puisse de nouveau tolérer la moindre parcelle de nourriture solide. Cette image me trouble d'autant plus lorsque je songe au fait que, pour Serge Marcil, ce plat ne représentait rien de moins que le dernier repas d'un condamné à mort. Aux alentours de 14 h 30, notre avion se posa en douceur sur la piste pâle de l'aéroport de la capitale haïtienne. Avant l'atterrissage, j'avais contemplé le paysage par le hublot. J'avais pu constater, avec un certain dégoût, que les flots couleur d'émeraude de la baie de Port-au-Prince se corrompaient dans un large cerne d'eau brunâtre qui longeait la côte sur des kilomètres.

Dehors, la chaleur était écrasante. Je le fis remarquer à Serge qui m'assura que, comparativement à d'habitude, la température était plutôt modérée. En attendant mes bagages, je retrouvai Martine. Cette dernière, ainsi que les bénévoles qui l'accompagnaient, avait voyagé en classe économique. Le groupe avait prévu de passer la nuit à Port-au-Prince. Dès le lendemain, ils devaient entreprendre un long trajet qui les mènerait à Corail, une petite ville située au sud-ouest du pays. Évidemment, en raison du séisme, ce projet fut retardé. Je revis mon ex-belle-mère deux semaines plus tard, quand elle me rendit visite à l'hôpital du Sacré-Cœur de Montréal. Martine a, elle aussi, vécu des moments horribles durant l'après-midi du 12 janvier 2010. Je vous ferai part de son éprouvante expérience plus loin dans ce livre.

Lorsque nous sortîmes de l'aéroport, Serge et moi, nous fûmes rapidement assaillis par une meute de chauffeurs de taxi et de porteurs de bagages. Notre employeur avait toutefois déjà pris soin de réserver les services d'un chauffeur. Celui-ci vint à notre rencontre pour s'interposer dans la cohue qui nous entourait. Nous le suivîmes vers le petit véhicule à quatre roues motrices loué pour la durée de notre séjour en Haïti. Au lieu de prendre tout de suite le chemin de l'hôtel Montana, nous demandâmes au chauffeur de nous conduire directement au siège social de Tecina, l'entreprise locale qui serait notre partenaire dans le projet des deux ponts. Nous comptions également proposer aux dirigeants de cette compagnie de nous assister dans le second projet qui concernait l'académie de police. Nous eûmes droit à une balade plutôt mouvementée dans les rues accidentées de la ville. Le chauffeur zigzaguait sans arrêt afin d'éviter les innombrables nids-de-poule qui parsemaient la chaussée. Il n'y parvenait pas toujours, et les amortisseurs du véhicule étaient soumis à rude épreuve. Pour en rajouter, notre guide donnait l'impression d'ignorer totalement où il allait. Après mille et un détours, nous tombâmes enfin sur la rue Barbancourt où se trouvaient les bureaux de Tecina. Il faut dire, à la décharge du chauffeur, que l'adresse que nous cherchions était située à l'écart de la voie publique, au fond d'une étroite ruelle qui s'arrêtait devant une haute palissade de planches. L'immeuble abritant les locaux de l'entrepreneur était modeste : un agencement de béton et de briques brunes dépouillé de tout artifice. Au milieu d'un terrain vaste et boueux qui côtoyait ce bâtiment, il y avait une armada de camions lourds, de tracteurs et de bulldozers rongés par la rouille. Dans l'air surchauffé, l'odeur âcre du diesel nous prenait à la gorge.

La pièce où se trouvait la réception était petite. Nous y fûmes accueillis par une jeune femme souriante, qui, sans attendre, avisa le président de Tecina, Gérald Oriol, de notre arrivée. Avant mon départ de Montréal, j'avais appris que cette entreprise de construction existait depuis trente-cinq ans. Il s'agissait de la plus vieille du genre en Haïti. Elle avait donc souvent contribué à réparer les dégâts causés par les nombreux désastres qui s'étaient abattus sur le pays. Parlant de désastre : on aurait dit qu'une tornade avait frappé le bureau de monsieur Oriol ! Un désordre incroyable y régnait. Parmi la multitude de plans et de documents qui tapissaient les murs, les meubles et le plancher, je pus tout de même repérer les diplômes de notre hôte. Celui-ci était ingénieur. Il avait étudié à New York et il possédait également une licence de l'État de la Floride. La réunion dura moins d'une heure. Le président de Tecina me confia les devis qui concernaient la construction des ponts. Je devais examiner ces documents à l'hôtel. Nous avions convenu de nous rencontrer de nouveau le lendemain. Au moment de rédiger ces lignes, j'ignore toujours si Gérald Oriol a survécu au séisme. Malgré diverses tentatives, je n'ai pas été en mesure de communiquer avec lui depuis les événements.

3 — À la suite de notre brève rencontre

avec le président de Tecina, nous prîmes la direction de Pétionville, où s'érigeait l'hôtel Montana. Tandis que nous traversions Port-au-Prince, Serge Marcil jouait les guides. Nous croisâmes quelques camionnettes multicolores qui tanguaient sous le poids des trop nombreux passagers qu'elles transportaient. Serge m'expliqua qu'il s'agissait de *tap-taps*. Ces véhicules publics étaient peints de couleurs vives. Ils affichaient aussi des messages en créole que je m'efforçai vainement de déchiffrer. Je fus vite fasciné par l'effervescence qui nous entourait. J'avais l'impression de me retrouver au sein d'une immense fourmilière. En constatant mon étonnement, mon collègue m'apprit que la capitale haïtienne comptait dix fois plus d'habitants que ses infrastructures le permettaient. Dans les quartiers pauvres, les rues étaient en très piteux état. Après les nids-de-poule, nous avions maintenant droit à des cratères dignes de la surface lunaire ! Les bâtiments semblaient fragiles. Avec les normes qui ont cours de notre côté de l'Amérique, la grande majorité de ces constructions branlantes auraient été livrées sans le moindre délai au pic des démolisseurs. Certains abris n'étaient que des assemblages précaires composés de plaques de tôle ondulée, de planches de contreplaqué et de bâches de plastique. La voie publique était aussi un vaste marché à ciel ouvert. D'innombrables kiosques s'élevaient de part et d'autre de la chaussée. Bien entendu, je n'ai pas eu le temps d'examiner ce que ces marchands de la rue avaient à offrir, mais j'imagine qu'une visite plus approfondie aurait été des plus instructives.

Malgré le dénuement qui imprégnait ce secteur de la capitale, je fus émerveillé par la débrouillardise des gens qui y vivaient. Dans ce chaos, il y avait de la méthode. Chaque chose avait son utilité.

Tout en contemplant cette efficace simplicité, je songeai au lot de fioritures superflues qui ornaient ma solide et luxueuse maison de banlieue. La rivière de gens démunis au cœur de laquelle nous entraînait notre chauffeur se colorait d'une indéniable joie de vivre. La pauvreté ambiante n'avait visiblement que très peu d'emprise sur le moral de ces personnes qui souriaient à la vie avec reconnaissance. Je venais à peine de fouler le sol d'Haïti, et son peuple m'enseignait déjà que le bonheur véritable ne se trouve pas dans le déploiement de ces objets dispendieux dont j'avais pris l'habitude de m'entourer. Cela va sans dire que j'avais souvent réfléchi à cette évidence, mais je ne l'avais jamais vue sous un aspect aussi éloquent. Durant le trajet, Serge a téléphoné à Dany Moreau, qui est mon supérieur chez SMI, et qui célébrait son anniversaire ce jour-là. Je joignis ma voix à celle de mon collègue afin de souligner cet événement. Dany se montra très ému de recevoir nos vœux en provenance d'Haïti.

Nous progressions vers Pétionville, et le paysage se transforma peu à peu. La route devint beaucoup moins accidentée. Des maisons cossues se dressaient sur des terrains bien entretenus. La somptuosité des ambassades et de leurs splendides jardins ceints de hautes barrières contrastait singulièrement avec le délabrement des quartiers que nous venions de parcourir. Puis, émergeant de l'écrin verdoyant des collines qui surplombent Port-au-Prince, le Montana nous apparut. Dans sa blancheur et sa magnificence, le prestigieux établissement avait les allures d'un gigantesque navire de croisière. Notre véhicule s'engagea sur le petit chemin de pierres grises qui grimpait vers l'hôtel. Cette longue allée était bordée d'arbres et de massifs de fleurs. Tout était impeccable. De l'endroit où nous étions, la mer et la ville en contrebas n'étaient pas visibles. Ce que je pus voir de Port-au-Prince avant le séisme s'arrête là. Nous saluâmes notre sympathique chauffeur et nous nous dirigeâmes vers l'entrée du Montana. Il devait être 16 h 40. Quelque part, dans les entrailles de la Terre, la mort se préparait à frapper.

Après avoir traversé l'une des plus misérables agglomérations de la planète, je fus troublé de découvrir le faste qui caractérisait l'hôtel Montana. Au rez-de-chaussée se trouvaient quelques commerces. Une boutique proposait des vêtements et des accessoires haut de gamme. Il y avait aussi une épicerie fine qui offrait des produits de luxe comme du champagne, du vin de qualité, des fruits frais et du chocolat. Les gens qui déambulaient dans le hall étaient élégamment vêtus. Bien entendu, je ne pouvais guère m'attendre à trouver autre chose qu'une telle atmosphère de richesse à l'intérieur d'un hôtel aussi renommé. Mais le contraste avec la profonde pauvreté qui sévissait à quelques kilomètres de là était à ce point prononcé qu'il me déstabilisa. Nous gagnâmes le comptoir de la réception pour confirmer notre arrivée. Il y avait là deux préposés à l'accueil dont la tenue et la prestance étaient sans défaut. Nous payâmes, et l'un des préposés nous remit les cartes magnétiques donnant accès à nos chambres respectives. Avec un large sourire, il nous souhaita un agréable séjour au Montana. Il m'arrive encore de pouffer de rire en songeant à cette phrase.

Un garçon de chambre vint prendre nos valises pour nous guider aussitôt vers un ascenseur minuscule. Le Montana comptait une centaine de chambres réparties sur sept étages. La mienne était au quatrième. Celle de Serge Marcil se trouvait au cinquième. Ce dernier devait se préparer en vue d'un repas d'affaires. Un partenaire local lui avait donné rendez-vous au restaurant de l'hôtel. Il me convia tout de même à le retrouver quinze minutes plus tard pour prendre une bière en sa compagnie avant l'heure de sa rencontre. Le garçon me conduisit jusqu'à ma chambre, et je lui donnai un pourboire. Pendant ce temps, mon collègue attendait dans l'ascenseur. Il me salua en réitérant son invitation. Le dernier individu à avoir vu Serge Marcil vivant fut ce garçon de chambre qui l'avait rejoint lorsque la porte de l'ascenseur se referma. Mais je demeure sans doute l'unique personne qui puisse encore témoigner des derniers moments de cet homme remarquable. Selon toute vraisemblance, Serge a à peine eu le temps d'atteindre le cinquième étage. Sa main serrait toujours la poignée brisée de sa mallette lorsque, plusieurs jours après le drame, sa dépouille fut extirpée des décombres.

Il m'est impossible de décrire ma chambre avec précision. Je me rappelle qu'elle était spacieuse. Le lit était grand et il semblait confortable. Une porte vitrée donnait sur un balcon, mais j'ignore tout de la vue que l'on pouvait y admirer. Je n'ai même pas pu visiter la salle de bain. En entrant, je laissai tomber ma valise et mon sac à dos. Ensuite, je déposai mon téléphone cellulaire sur une table. Avant de quitter Montréal, j'avais fait l'achat d'un petit appareil photo numérique. Je le sortis dans le but de satisfaire la curieuse manie que j'ai de photographier les chambres d'hôtel où je séjourne. Mais, cette fois-là, je ne devais rapporter aucune image de mon voyage. Le sol se mit à trembler avec violence. Je songeai immédiatement à un séisme. Étant donné que j'étais en Haïti pour participer à l'élaboration de projets de construction, j'étais parfaitement au courant du fait que des tremblements de terre pouvaient survenir dans ce pays. La secousse était tellement puissante que le monde autour de moi devint flou comme une eau agitée. Je perdis l'équilibre. Sans pouvoir maîtriser mes mouvements, je parvins avec difficulté à me diriger vers le lit. À cet instant, je ne craignais pas que l'hôtel s'effondre. Je cherchais surtout à me protéger des objets qui volaient dans la pièce. Appuyé sur mes genoux et sur mes mains, je plaquai ma joue contre le côté du matelas. Je reçus soudainement un choc terrible sur le crâne. Il y eut un éclair blanc, et je m'évanouis.

4 — Combien de temps

suis-je resté inconscient? Je ne saurais pas le dire avec exactitude. Probablement moins d'une demi-heure. Lorsque je pus consulter ma montre, elle indiquait 17 h 15. En ouvrant les yeux dans l'obscurité la plus complète, j'eus besoin d'un moment pour comprendre ce qui venait de se produire. J'étais couché sur le dos. Mon menton touchait presque la partie supérieure de mon torse, car la base de mon crâne était plaquée contre un fragment dur et râpeux qui me torturait la nuque. J'avais un mal de tête incroyable. En fait, chaque parcelle de mon être me faisait souffrir. Mais la douleur était davantage concentrée dans la partie inférieure de mon corps. Curieusement, avant même de chercher à évaluer l'horrible situation dans laquelle je me retrouvais, je m'inquiétai à propos du fait que Serge devait m'attendre pour prendre une bière. Ensuite, je me rendis compte que j'avais du mal à respirer. L'air était saturé de poussière. Je ne la voyais pas, mais je la goûtais. Elle recouvrait mon visage tel un masque; elle m'irritait les yeux et elle emplissait mes sinus. Comme vous le savez déjà, je suis asthmatique. Il m'est déjà arrivé de subir de graves crises qui m'obligeaient à me rendre à l'hôpital. Cette maladie se gère assez bien lorsqu'on est armé pour y faire face. Or, mes pompes se trouvaient dans ma valise. L'asthme et l'anxiété sont souvent associés. J'étais enterré vivant dans le noir absolu. J'étais grièvement blessé, et l'air était irrespirable. Croyez-moi, je me suis souvent senti angoissé pour beaucoup moins que ça! J'espérais de toutes mes forces que mon corps ne me trahisse pas. J'étouffais, mais je m'efforçais de ne pas céder à la panique. Dans les ruines, des hurlements atroces se faisaient entendre. La plupart de ces violents appels à l'aide étaient en français. Je dus lutter pour éviter de joindre ma voix à cette cacophonie lugubre. Quelque chose me disait que personne ne viendrait à mon secours avant de longues heures. Si je tenais à demeurer en vie, il fallait à tout prix que je m'abstienne de gaspiller mon oxygène. Ma tête et mon visage étaient abondamment mouillés. Je songeai tout d'abord que ce fluide provenait d'une conduite d'eau rompue durant l'effondrement de l'immeuble. Toutefois, lorsque le liquide s'infiltra entre mes lèvres, je constatai que c'était du sang.

Il y avait eu un violent tremblement de terre, et j'étais emprisonné sous des décombres. C'était insensé ! Comment pouvait-on se retrouver dans un pareil pétrin ! J'ai écrit précédemment que je ne soupçonnais pas le moins du monde que la catastrophe s'étendait au-delà du Montana. Je crus même que seule la partie de l'hôtel où je me trouvais s'était écroulée. En tant qu'ingénieur, je dois avouer que j'eus quelques mauvaises pensées pour les concepteurs de ce luxueux complexe. Durant les premières minutes qui succédèrent à mon réveil, je tentai vainement de libérer mon bassin du poids qui l'écrasait. Mes hanches étaient tordues dans une position qui me mettait au supplice. Ma jambe droite était comprimée dans un étau qui maintenait mon pied complètement tourné vers l'extérieur. Les muscles de ma cuisse et de mon mollet avaient été broyés. C'était extrêmement douloureux. Je pus cependant remuer ma jambe gauche, qui était à peu près intacte. Ma main droite était toujours refermée sur mon petit appareil photo. En examinant celui-ci du bout des doigts, je pus constater que son boîtier était brisé. J'appuyai néanmoins sur le bouton de mise en fonction. L'écran LCD s'illumina durant quelques secondes ! Cette faible lueur, que j'utilisai par la suite de façon parcimonieuse afin d'économiser la pile de l'appareil, me permit, une fois la poussière retombée, de me faire une meilleure idée de mon état, ainsi que de la situation dans laquelle j'étais plongé. Sans cette lumière qui venait de temps à autre chasser la noirceur de mon cercueil, je peux vous assurer que ma détresse aurait été encore plus grande.

24

J'étais captif d'un cocon qui ne m'offrait qu'une infime liberté de mouvement. J'utilise ici le mot *cocon*, parce que cette niche au milieu des décombres m'a sauvegardé de la mort. Mais le confort que suggère cette appellation était tout à fait absent. Le lit se trouvait toujours sur ma gauche. Ce meuble m'avait bel et bien protégé. Il soutenait l'extrémité d'une lourde dalle de béton qui s'était immobilisée à quelques centimètres de ma figure. La masse était supportée par le matelas. Elle surplombait mon torse et mon visage, puis elle frôlait mon épaule droite pour venir s'appuyer contre la surface presque plane sur laquelle j'étais allongé. En quelques mots : mon buste et ma tête se trouvaient au cœur d'un étroit triangle. N'eût été du lit, mon crâne aurait sans doute été réduit en bouillie. Mes mains et mes bras étaient ensanglantés. Un morceau de contreplaqué était logé entre mon biceps gauche et mon flanc, ce qui immobilisait mon épaule contre la paroi de mon précaire abri. Une pièce de métal s'incrustait dans la chair de ma hanche. Cet objet, qui ressemblait un peu à une patte de table, s'était faufilé entre ma peau et un autre fragment de béton armé dont le poids me clouait au sol. Ma jambe droite était coincée sous une troisième dalle qui mesurait environ vingt-cinq centimètres d'épaisseur. Les débris qui m'entouraient ne comportaient que trop peu de barres d'armature. Sans conteste, le Montana n'avait pas été construit selon des normes qui lui auraient permis de résister à un séisme de grande magnitude. Cette observation n'avait rien d'étonnant : j'avais appris qu'il n'y avait aucun code de construction particulier en Haïti. Les règles utilisées lors de l'édification d'une structure étaient généralement celles qui avaient cours dans le pays de l'entrepreneur qui héritait du projet. Le nombre de barres d'armature que je pouvais voir était certes insuffisant, mais il y en avait tout de même quelques-unes qui se dressaient entre mes jambes et autour de mon corps. J'étais passé à un cheveu d'être transpercé par une ou plusieurs de ces tiges d'acier.

Il y a peu de temps, en m'entendant relater ce pénible épisode, l'un de mes amis y est allé d'une allégorie illustrant parfaitement la mauvaise posture dans laquelle je me trouvais ce jour-là. Il m'a dit : «Tu étais comme une fourmi que quelqu'un aurait tenté d'écraser sous sa botte, mais qui, grâce à une chance inouïe, aurait été épargnée par l'une des rainures de la semelle !» Mon ami a utilisé le mot *chance* pour exprimer sa pensée. En ce qui me concerne, je considère que je dois la vie à un miracle. Je réalise pleinement que ce séisme a causé la mort de centaines de milliers de malheureux qui auraient mérité de vivre tout autant que moi. Au fond, le véritable miracle aurait été que cette effroyable tragédie ne se produise jamais. Pourtant, je ne peux pas croire que ma survie puisse être attribuable à la chance ou au hasard. J'avais presque rejoint le niveau du stationnement de l'hôtel. Au-dessus de moi, trois autres étages s'étaient totalement effondrés. Mon corps avait résisté à une chute de plusieurs dizaines de mètres. Qui plus est, il avait parcouru cette distance dans le désordre d'une avalanche de débris dont certains avaient le poids d'une voiture. En principe, j'aurais dû être broyé comme un grain de blé entre les disques d'une meule. Pourtant, j'avais tous mes membres, mes organes vitaux n'avaient pas été atteints, et je ne subissais aucune hémorragie susceptible d'entraîner ma mort. J'étais blessé, j'avais très mal, mais j'étais vivant. Durant les dix-huit heures que j'ai passées sous les décombres du Montana, je ne pouvais pas me faire une idée claire des dangers que j'avais déjoués, bien malgré moi, pour aboutir dans cette niche qui donnait l'impression d'avoir été ménagée dans le but précis de loger mon corps. Il m'était cependant impossible de nier l'évidence : j'avais frôlé la mort de très près. Évidemment, j'étais à mille lieues d'être sauvé. À ce moment, il était encore trop tôt pour parler d'un miracle. L'attente fut insupportable. D'heure en heure, tandis que ma douleur graduait vers un paroxysme que je n'aurais jamais cru concevable, l'espoir que j'avais d'être retrouvé vivant s'amenuisait.

5 — Les séismes

sont toujours suivis de répliques. Il arrive même que ces répliques
soient plus puissantes que la secousse qui les a provoquées. Ainsi,
lorsque la terre se remit à trembler avec force, je retins mon souffle
et je fermai les paupières en priant pour que ma fragile tanière
tienne le coup. Dans les ruines, il y eut un concert déchirant de
cris horrifiés. Par bonheur, le grondement menaçant s'atténua, au
bout de quelques secondes, sans avoir rétréci le peu d'espace vital
qu'il me restait. Dans la situation précaire où je me retrouvais, je
ne pouvais évidemment pas faire grand-chose pour améliorer mon
sort. Toutefois, je n'avais aucune envie de renoncer. Sans trop
savoir pourquoi, j'en vins à cette estimation : je me dis qu'il fallait
que je résiste au moins douze heures avant de pouvoir compter
sur une quelconque aide extérieure. Puisque d'autres répliques
risquaient de survenir, je jugeai primordial de solidifier mon terrier.
Dans les débris, je parvins à dénicher quelques morceaux de bois
que j'utilisai comme piliers dans le but de soutenir les dalles
qui menaçaient de m'écraser. Étant donné que je gisais sous des
tonnes de décombres sûrement très instables, la disposition de
ces frêles jambes de force était probablement inutile, mais, en
m'affairant de la sorte, j'eus le sentiment de me prémunir contre
les éléments. Je m'organisais. Je luttais. Je refusais de me laisser
abattre. Il me fallait tenir durant douze heures. Après ce délai, j'en
étais persuadé, quelqu'un viendrait à mon secours. Étrangement,
je crus, pendant toute la durée de ma captivité, que ma montre fonctionnait. Je la consultai à maintes reprises, et je vous
assure que j'eus l'impression de voir les heures avancer sur le
cadran. Pourtant, le cristal était craquelé, et le mécanisme
s'était brisé durant l'effondrement. Lorsque je repris connaissance

après le séisme, ma montre était tout à fait hors d'usage. La certitude que j'éprouvai, par la suite, de voir ses aiguilles changer de position, n'était qu'une illusion. Il m'arrive souvent de m'interroger sur ce détail pour le moins inusité.

En n'ayant que peu d'espoir d'y parvenir, j'explorai les débris qui m'entouraient pour tenter de mettre la main sur mon téléphone cellulaire. Ces fouilles ne donnèrent aucun résultat. Je cherchai ensuite à rendre ma posture un peu plus confortable. Ma tête était appuyée sur un objet solide qui me tenaillait le cuir chevelu. J'apercevais un bout du couvre-lit. Il émergeait de quelques centimètres entre le matelas et la plaque de béton posée dessus. Si j'avais été en mesure de la tirer vers moi, cette épaisse couverture, glissée sous mon crâne, m'aurait sans doute procuré un énorme soulagement. Mais ce trésor fut impossible à obtenir. Je ne pus rien faire de plus pour améliorer ma situation. Il aurait fallu la force de plusieurs hommes pour libérer ma hanche du fardeau qui l'accablait. Mes os semblaient sans cesse sur le point de céder sous la charge. Ma jambe droite subissait également une implacable pression. Des gravats pénétraient comme des crocs dans la chair de mon mollet. Je tentai de les chasser en introduisant une mince pièce de bois sous ma peau, mais je ne réussis qu'à empirer les choses. La méditation devint mon unique échappatoire. Dans le but de contrecarrer la souffrance, je fis de mon mieux pour me réfugier dans un coin reculé de mon âme. Les arts martiaux m'avaient discipliné à cette pratique. Il m'était souvent arrivé d'impressionner mes professeurs en faisant preuve d'une résistance hors du commun lorsqu'il s'agissait d'adopter des positions particulièrement douloureuses. Mais, en dépit de mes efforts, je ne parvins pas à occulter tout à fait la conscience de la terrible réalité à laquelle je me heurtais. De fulgurants élancements venaient jeter à bas les barrières que j'arrivais avec peine à dresser entre mon corps et mon esprit. En outre, les lamentations répétées provenant des ruines retentissaient jusque dans les lieux paisibles que je m'efforçais de visualiser. Néanmoins, les quelques brefs et fragiles moments de recueillement que je réussis à m'offrir contribuèrent à m'apaiser un peu.

J'ai beaucoup prié. J'ai remercié Dieu avec une ferveur que je n'avais plus manifestée depuis des années. Quand j'étais jeune, à la maison, la religion chrétienne avait beaucoup d'importance. J'ai servi la messe et j'ai chanté dans la chorale de la paroisse. À cette époque, la prière faisait partie de mon quotidien. J'ai été moins prompt que mon frère Yves — ce dernier n'a jamais été un véritable converti — à m'éloigner des préceptes de l'Église. Je l'ai cependant fait sans le moindre regret. Je n'étais pas devenu athée pour autant, mais je n'endossais plus la plupart des croyances que l'on m'avait transmises. À l'âge adulte, j'ai cessé de pratiquer. Cela dit, j'ai toujours cru qu'une puissance supérieure régissait l'univers. Selon moi, les êtres humains ne sont pas que des robots faits de chair et de sang. Nos facultés intellectuelles, nos talents, nos goûts et les émotions particulières que l'on ressent dans diverses circonstances ne peuvent être entièrement attribués à cet ordinateur biochimique qu'est le cerveau. Je crois en la réalité de l'âme, et j'estime que notre esprit demeure lié à la lumière divine. Je m'adressai donc à Dieu pour le remercier de m'avoir laissé la vie sauve. La vie. Si précieuse et si fragile. Depuis combien de temps ne m'étais-je pas arrêté pour contempler sa beauté ?

Je proviens d'un milieu où l'on valorisait énormément la réussite sociale et financière. Mon existence avait été axée sur la performance et le matérialisme. Je m'étais investi dans ma carrière d'ingénieur et je projetais une image qui, dans notre société de consommation, reflétait le succès. Ma maison trop grande pour moi sentait davantage l'argent que le bonheur. Mon luxueux véhicule 4X4 était beaucoup moins utile qu'encombrant et polluant. Je possédais un bateau et une rutilante motocyclette. J'avais fait l'acquisition de ces joujoux pour des motifs superficiels qui n'avaient rien à voir avec le simple plaisir que pouvait me procurer leur utilisation. En plus, puisqu'il m'était impossible de traîner tous ces symboles de réussite avec moi dans le cadre des réunions d'affaires et à l'intérieur des lieux publics, je prenais soin de porter des complets griffés pour que l'on comprenne bien que Marc Perreault était quelqu'un d'important. En vérité, j'étais prisonnier d'une image qui ne me ressemblait pas. Je me dissimulais derrière une muraille d'artifices dispendieux qui, au nom du paraître, m'obligeaient à soutenir un rythme de travail effréné. Il y avait déjà quelques années que je m'interrogeais à propos du sens que j'avais donné à ma vie. J'admirais mon frère qui avait osé tout abandonner pour se consacrer à ce qu'il aimait vraiment. Yves avait renoncé aux avantages d'une carrière en plein essor dans le but de se vouer corps et âme à son art. Il s'était offert le réel bonheur de vivre ses passions sans se soucier de l'insécurité que pouvait entraîner une telle décision. Il se moquait de ce que les autres pouvaient penser de ses choix. Contrairement à moi, mon frère avait décidé d'aimer et de respecter pleinement la personne qu'il était. Il jouait le rôle qui lui seyait le mieux : le sien. Et il n'avait aucun masque à retirer lorsqu'il se retrouvait devant son reflet dans le miroir. Combien de fois m'a-t-il entendu dire que je comptais travailler moins afin de profiter davantage des petits plaisirs du quotidien ? À combien de reprises lui ai-je affirmé que j'envisageais sérieusement d'adopter un rythme de vie moins excessif ? Lorsque je lui exprimais ainsi mon désir de penser davantage à moi-même, Yves ne doutait pas de ma sincérité. Seulement, il me connaissait trop bien. Il savait que j'aurais du mal à me libérer de la carapace dorée que je m'étais fabriquée. Cette carapace était solide, effectivement. Mais, à présent, je ne la porte plus. Elle a été détruite. Ses miettes ont été dispersées parmi les débris de l'hôtel Montana. Dans les décombres, j'ai promis à Dieu de savourer chaque instant de ma vie s'il me permettait de revoir la lumière du jour. J'ai revu le jour, et j'entends bien respecter ma promesse.

6 — De toute mon existence,

il ne m'était jamais arrivé de vivre le moment présent avec autant d'acuité. Chaque seconde était souffrance. Ma masse musculaire et mon excellente forme physique m'aidèrent certainement à tenir le coup. D'autre part, les techniques de méditation que j'avais pratiquées et enseignées me procurèrent de petites doses de quiétude qui me permirent de conserver mon sang-froid. Je ne parvenais pas à atténuer vraiment la douleur et la peur que je ressentais, mais je me disais qu'elles n'auraient pas raison de moi. Je me rappelai un examen de karaté qui avait duré dix heures. Je m'étais alors livré à une série d'épreuves qui devait me conduire à l'obtention de mon premier dan[1]. Vers la fin de ce long test d'endurance, j'étais exténué. Tandis que je puisais dans mes ultimes ressources pour maintenir mon corps dans une position presque insoutenable, mon professeur m'avait demandé :

— Qu'est-ce qui te fera abandonner, Marc ?

Je lui avais répondu :

— La mort.

Le souvenir de cet épisode vint s'imposer dans mon esprit. Dans l'obscurité oppressante des décombres, je songeai que, lors de cet examen, je m'étais inconsciemment préparé à survivre à l'atroce expérience que je vivais là. Je me répétai que seule la mort pourrait venir à bout de ma volonté. Je serrai les dents et les poings. Si je n'avais pas eu le souci d'économiser mon air, je crois bien que j'aurais poussé un cri de guerre. L'une de mes principales craintes était de mourir asphyxié. Y avait-il suffisamment

---

1   Dan : chacun des dix degrés de qualification des ceintures noires dans les arts martiaux japonais.

d'oxygène dans mon cercueil pour que je puisse tenir jusqu'à l'arrivée d'éventuels secours?

Quelques heures passèrent. Je les vis défiler sur le cadran de ma montre qui, je vous le rappelle, ne fonctionnait plus. J'imagine que je délirais; si ce n'était pas le cas, il me faudrait peut-être mettre cet étrange phénomène sur le compte d'une activité paranormale. Cependant, après les violents traumatismes que j'avais subis, et à cause de ceux que je subissais encore, il y a fort à parier que je n'avais plus toute ma tête. Dans les ruines, les plaintes se firent plus rares. Des gens mouraient non loin de moi. Quant aux survivants, ils avaient sans doute réalisé l'importance de conserver leurs forces. Mais leurs cris, de plus en plus étouffés, s'élevaient chaque fois que la terre tremblait. Ils lancèrent aussi quelques appels lorsqu'un hélicoptère survola le Montana pour la première fois depuis la destruction de celui-ci. Ensuite, le silence commença à s'installer. Mon angoisse augmenta d'un cran au moment où je constatai que mon espace avait rétréci. La dalle de béton qui se trouvait au-dessus de moi s'affaissait! À l'évidence, les faibles répliques qui se succédaient à intervalles réguliers se révélaient plus menaçantes qu'il n'y paraissait. Je vérifiai les fragiles piliers de soutènement que j'avais installés. Ils ne semblaient pas soumis à plus de pression qu'auparavant. J'ajoutai néanmoins quelques supports supplémentaires afin de sécuriser davantage mon abri. Malgré cette précaution, le piège continua à se refermer sur moi. Je ne comprenais pas ce qui se passait. Je me sentais de plus en plus à l'étroit. Pourtant, les morceaux de bois destinés à me protéger n'étaient nullement sollicités! J'étais au seuil de la panique lorsque je réalisai enfin que rien autour de moi ne bougeait. En fait, c'était mon corps qui enflait.

Ma conscience se débattait au cœur d'un incessant tourbillon. J'avais de la difficulté à orienter mes pensées sur un sujet en particulier. Quand j'y arrivais, mes fugaces moments de réflexion étaient surtout concentrés sur mes enfants : Maxime, Roxanne et Anthony. Je refusai d'envisager la possibilité de ne plus les revoir.

J'imaginai leur chagrin s'il fallait qu'ils apprennent que leur papa ne reviendrait plus. Même si j'étais divorcé de leur mère, j'entretenais une extraordinaire relation avec mes trois petits blonds. Ils habitaient à quelques rues de chez moi, et nous passions ensemble beaucoup de temps de qualité. Je pensai aussi à Caroline, mon amie de cœur. Depuis quelque temps, bien des choses n'allaient pas entre nous. Mais je ne doutais pas de son amour. Caroline avait perdu son ex-conjoint dans un accident de moto. Cette épreuve l'avait rendue fragile, et elle avait tendance à s'inquiéter pour moi. Je me dis qu'il serait cruel de lui faire subir un second deuil. Les visages des gens que j'aimais défilaient dans ma tête. Je vis mes parents, ma sœur Martine et mon frère Yves. J'eus aussi une pensée pour François, mon meilleur ami. Je me rendis compte de l'importance que j'avais pour toutes ces personnes. Si ce n'était pas déjà fait, mes proches ne tarderaient assurément pas à apprendre la nouvelle du séisme et de l'effondrement de l'hôtel Montana. Ils chercheraient à communiquer avec moi. Seulement, j'étais trop loin. Trop loin de la lumière, trop loin du monde entier, trop loin de tout.

De temps à autre, un hélicoptère passait. Les secours s'organisaient. Mais, ayant été témoin de l'immense dénuement dont souffrait Haïti, j'entretenais de sérieux doutes quant à la tournure que prendraient les opérations de sauvetage. S'il me fallait compter sur de la machinerie rouillée et désuète comme celle que j'avais aperçue dans la cour de Tecina, il était évident que je n'avais aucun espoir d'être retiré vivant de ces ruines. Ma douleur augmentait. Je remuais régulièrement ma jambe valide. Je massais la cuisse de celle qui était prisonnière. Je faisais bouger mes orteils. J'accomplissais cette routine pour faire circuler mon sang. J'aurais aimé m'endormir, mais je n'y parvenais pas. La chaleur devint un peu moins lourde. La nuit tombait. Je sentis la morsure d'un moustique. Il n'était pas venu seul. Bientôt, mon corps pratiquement immobile fut livré en pâture à un escadron de ces petites pestes. J'accueillis ce désagrément supplémentaire en grognant. Je réalisai ensuite que, si ces bestioles avaient réussi à me rejoindre, c'était forcément parce que mon cocon communiquait avec l'air libre. Cette constatation me réconforta. Au moins, je ne manquerais pas d'oxygène. N'empêche que les moustiques, même ceux qui sont porteurs de bonnes nouvelles, ne sont jamais agréables à fréquenter. J'en écrabouillai quelques-uns sans éprouver la moindre culpabilité.

La nuit m'enroba dans une atmosphère que je pourrais presque qualifier de mystique. Je n'entendais rien d'autre que les battements de mon cœur et la stridulation de ma circulation sanguine dans mes tempes. Les hélicos ne passaient plus. Le silence avait atteint sa plénitude. Je ressentais vivement la proximité de la mort. Ce fut une impression étrange. J'eus bientôt la profonde certitude que les voix que j'avais entendues dans la journée s'étaient tues à tout jamais. Je ressentais une présence, le genre de perception que l'on éprouve lorsque l'on se sent observé ; j'aurais pu jurer que j'étais entouré de fantômes. Je me demandais à quoi ressemblerait mon voyage entre la vie et la mort. Je sentais aussi qu'un ange veillait sur moi, et que, peu importe l'issue de cette horrible épreuve, les choses se termineraient bien. En novembre 1994, mon ex-femme Julie et moi avons vécu l'immense chagrin de perdre un enfant. C'était notre premier. Julie était alors enceinte de six mois. Nous savions que le bébé qu'elle portait souffrait de diverses malformations. L'obstétricien avait pris la décision de provoquer l'accouchement. En quittant le ventre maternel, notre toute petite Gabrielle était déjà morte. Nous avons tout de même tenu à la faire baptiser. Au moment où, au milieu des décombres, je ressentis cette présence bienveillante à mes côtés, je songeai tout de suite à cette enfant qui n'avait jamais eu l'occasion d'ouvrir les yeux sur le monde. Mon cœur de père se plut à croire qu'elle était venue pour me protéger. Gabrielle. Aurait-on pu choisir un meilleur prénom pour un petit ange ?

7 — Malgré sa triste signification,

l'ambiance de cimetière qui régnait dans les ruines me procura un certain soulagement. Je me sentis envahi par un grand calme. Dans mon esprit, la confusion céda sa place à une profonde lucidité. Je réalisai alors que mes chances de survie étaient bien minces. J'envisageai la mort comme la plus probable des conclusions, et je devais me préparer à l'accueillir. Cette résignation ne devait rien au désespoir. Il me fallait cependant analyser la situation avec froideur. Je ne pouvais rien faire de plus pour me libérer. Si je devais quitter vivant ce cercueil, ce serait grâce à l'intervention d'une aide extérieure. La souffrance qui m'accablait avait encore augmenté. Elle avait atteint un degré qui défiait toute logique. À ce niveau, j'aurais sans doute dû m'évanouir, mais ma conscience refusait de lâcher prise. Il m'apparaissait évident qu'un moment viendrait où je ne pourrais plus tolérer la douleur. Dans ce cas, il me faudrait y mettre un terme. Je m'emparai d'un éclat de verre que j'avais découvert quelques heures plus tôt en explorant mon espace. Ce morceau avait vaguement la forme d'un poignard. Il était tranchant à souhait. Je le posai à plat sur ma poitrine. J'avais l'intention de me servir de cet instrument pour me trancher la jugulaire si jamais ma souffrance venait à bout de ma résistance. De plus, la menace qu'une réplique vienne détruire mon fragile abri n'était pas à écarter. J'appréhendais de me retrouver encore plus mal en point que je l'étais déjà. Mon poignard de fortune représentait la clé qui me permettrait de me libérer de cet enfer. Dans ma position, cet ultime geste, si les événements m'avaient poussé à l'accomplir, n'aurait eu que peu de chose en commun avec un suicide. On achève les chevaux grièvement blessés par respect et par amour. J'aurais donc agi par amour-propre s'il l'avait fallu. J'avais accepté de mourir, et mon morceau de verre me donnait l'occasion d'avoir un choix dans des circonstances où il semblait n'y en avoir aucun. Cette idée m'apaisait. Je m'étais aussi doté de deux bâtons ; si quelqu'un s'approchait de l'endroit où je me trouvais, je pourrais frapper ces bouts de bois l'un contre l'autre pour signaler ma présence.

J'avais très soif. On aurait dit que ma langue s'était changée en pierre. J'avais des braises dans la gorge. Je visualisais une canette de boisson gazeuse constellée de gouttes de condensation. Elle était verte. Les mots *Sprite* et *Diète* apparaissaient clairement sur l'aluminium givré du contenant. J'appris plus tard que, si le Sprite existe bel et bien, sa version diète n'est apparue que dans mes fantasmes. Cela peut sembler étrange, mais le désir d'obtenir cette boisson occupa mes pensées au point d'en devenir obsessionnel. Cette idée fixe me poursuivit durant plusieurs jours et, comme vous le verrez plus loin dans ce livre, elle fut le sujet de quelques amusantes anecdotes.

Vers la fin de ma captivité, je ne parvenais plus à lire l'heure derrière le cristal lézardé de ma montre. L'illusion que j'avais eue de voir défiler le temps avait fini par disparaître. Toutefois, j'étais trop désorienté pour comprendre que, depuis que j'avais ouvert les yeux dans la poussière de ce trou, la trotteuse tordue n'avait pas remué d'un micromètre. Le retour des hélicoptères m'indiqua que les opérations de secours recommençaient. Le son des rotors fut pour moi comme une douce musique. Par malheur, contrairement à la veille, ce grondement ne provoqua aucune réaction dans les ruines. L'attente fut insoutenable. Les hélicos survolaient le site, mais je ne percevais rien qui aurait pu m'indiquer que des fouilles avaient été entreprises dans les vestiges du Montana. En premier lieu, lorsque j'entendis un bruit de pas, j'eus l'impression que mes oreilles me trompaient. Puis, des voix d'hommes retentirent. Les paroles qu'ils échangeaient étaient en espagnol. Il y avait des gens non loin de moi ! À ce moment, je me mis à hurler de toutes mes forces. Malgré le silence que je m'étais imposé durant plus de quinze heures, mes appels à l'aide résonnèrent avec puissance. De l'autre côté de ma prison opaque et exiguë, quelqu'un s'adressa à moi. J'étais retrouvé! Seulement, je n'étais pas encore sauvé.

Les secouristes qui m'avaient localisé faisaient partie d'un contingent de Casques bleus équatoriens. Je ne devais cependant connaître l'origine de ces hommes que deux heures plus tard. Je possède quelques notions d'espagnol. J'annonçai à mes sauveteurs que j'étais Canadien et que je m'exprimais en français. Je fis de mon mieux pour leur expliquer que je pouvais à peine remuer. Je leur dis aussi que j'étais blessé. Les militaires ne tardèrent pas à se lancer dans la tâche ardue et délicate qui consistait à m'extirper des décombres sans m'écraser davantage.

Durant la première phase de l'opération, je perçus un raclement sourd et répété. On aurait dit que les soldats se servaient d'un escabeau. Il y avait également des bruits de pierres entrechoquées. Les sons qui parvenaient jusqu'à moi étaient étouffés. J'entendis mes sauveteurs déplacer un à un les morceaux de béton qui me séparaient de l'air libre. J'eus le sentiment que cette besogne ne se terminerait jamais tellement elle traînait en longueur. L'imminence de ma délivrance eut pour effet d'augmenter ma douleur et d'éveiller mon impatience. Je ne cessai de demander aux soldats de se dépêcher. Ces braves hommes faisaient de leur mieux, bien sûr, mais ils étaient aussi porteurs d'un espoir immense qui me fit subitement réaliser l'extrême urgence de ma situation. De manière à déterminer avec précision l'endroit où je me trouvais, les soldats tentèrent de m'envoyer des signaux en utilisant le faisceau lumineux d'une lampe de poche. De mon côté, je fis de même à l'aide de mon appareil photo. Il restait cependant beaucoup de travail à faire avant que je puisse enfin voir la lumière.

Tandis qu'ils s'efforçaient de me secourir, les militaires m'interrogèrent. Ils me demandèrent si j'étais seul. Ils se renseignèrent sur la nature de mes blessures et ils s'informèrent régulièrement sur mon état. Je les priai de faire attention parce que je me trouvais sous de grosses dalles de béton qui m'écraseraient sans doute si l'on tentait de les déplacer trop brusquement. Je leur appris aussi que j'étais ingénieur et que j'avais veillé à solidifier mon abri avec des supports de bois. Je ne maîtrisais pas leur langue, mais, lorsque je n'arrivais pas à comprendre les questions qu'ils me posaient, ils les formulaient différemment jusqu'à ce que je sois en mesure de répondre. Je crus tout d'abord que je communiquais avec une ou deux personnes. En vérité, il y avait une dizaine d'hommes qui s'occupaient de moi. À un certain moment, le bruit cessa, et les voix se turent. Je lançai quelques appels, mais je n'obtins aucune réponse. Sans le moindre avertissement, les soldats étaient partis ! Avaient-ils renoncé à me sortir de ce trou parce qu'ils avaient jugé que ma situation était désespérée ? M'avaient-ils abandonné à mon triste sort ? Ce nouveau et inconcevable silence me terrorisa. Je n'avais plus le sang-froid nécessaire pour saisir ce qui se passait. L'idée que les secouristes avaient besoin d'outils supplémentaires pour procéder à mon sauvetage ne m'effleura même pas l'esprit. On m'avait trouvé, on avait évalué le funeste état des choses ; puis, au bout du compte, on avait décidé que ma survie n'était pas envisageable ! Ce fut l'unique constat que m'inspira cet affreux retour à l'isolement complet. Je recommençai à hurler. Je suppliai ceux qui étaient venus de ne pas me laisser tomber. D'interminables minutes s'écoulèrent avant le retour des militaires. Ils me rassurèrent avant de reprendre leur précautionneuse et laborieuse percée au travers des décombres.

8 — Le rythme des opérations s'accéléra.

Des chuintements se firent entendre : les secouristes utilisaient des câbles pour extraire les plus gros débris. Je tremblais de hâte. Ma souffrance était sans nom. Pendant que les soldats s'échinaient à me délivrer, je leur criais sans cesse de se dépêcher. La lueur d'une lampe de poche fit cligner mes yeux et bondir mon cœur. L'un des hommes m'annonça qu'il apercevait ma main. Un frisson de bonheur vint brièvement atténuer mes tourments. Peu de temps après ce premier contact visuel, la lumière du jour s'infiltra dans mon cocon. Une dizaine de minutes plus tard, peut-être, je distinguai enfin les silhouettes de mes sauveteurs. Il s'était déjà écoulé plus d'une heure depuis que ces braves avaient entendu mon premier appel à l'aide.

Les militaires parvinrent jusqu'à moi. Le passage qu'ils avaient ménagé s'élargit. Je pus alors examiner l'enchevêtrement de débris qu'ils avaient dû traverser pour m'atteindre. La seule niche que l'on pouvait déceler dans cet amas compact était celle que j'occupais. Hormis moi-même, il n'y avait certainement aucun survivant dans l'entassement inextricable qu'était devenue cette section de l'hôtel. Les soldats étaient habillés de treillis verts et poussiéreux. Ils portaient des casquettes caractéristiques des soldats de l'ONU. Le drapeau équatorien ornait la manche gauche de leur uniforme. Avant de tenter de déplacer les dalles qui me recouvraient, les secouristes me demandèrent de retirer les supports de bois que j'avais installés. Je ne m'exécutai qu'à regret, car je craignais que tout s'effondre ; de fréquentes répliques faisaient toujours trembler la terre. Toutefois, les secouristes ne semblaient pas inquiets. Cette constatation me sécurisa. En premier lieu, l'on fit glisser la grosse plaque de béton qui avait broyé ma jambe droite. Bien sûr, la douleur que cette opération provoqua fut atroce. Mais le plus dur était encore à venir. Les militaires s'attaquèrent ensuite à la dalle qui, en s'appuyant sur le morceau de métal appliqué contre ma hanche, le faisait pénétrer dans ma chair. Le lourd débris remua de quelques centimètres à peine, puis il vint s'écraser sur mes deux jambes. Jusque-là, j'avais été contraint à endurer bien des supplices, mais cet instant ainsi que les longues minutes qui suivirent furent pires encore que tout le reste.

Pendant que je faisais de mon mieux pour me retenir de hurler, les Équatoriens nouèrent un câble autour de la dalle. Ils firent une nouvelle tentative. Malheureusement, la pièce métallique incrustée dans la chair de ma hanche empêchait la plaque de bouger. Chaque fois que les soldats effectuaient une traction sur cet implacable étau, j'avais l'impression que ma jambe était sur le point de se détacher de mon corps. Ma peau se déchirait. De mon côté, j'essayai tant bien que mal d'écarter les petits débris qui pouvaient nuire aux mouvements de la dalle. Je m'emparai d'un bâton et je m'en servis comme levier dans l'espoir de faciliter la tâche de mes sauveteurs. Cet effort fut vain. Je n'en pouvais plus ! Il fallait à tout prix que cette torture cesse ! Je dis aux Équatoriens que j'allais pousser en même temps qu'ils tireraient sur la plaque de béton. Je n'avais toujours qu'un seul bras libre. Quand on m'en donna le signal, je poussai sur la dalle avec l'énergie du désespoir. Elle s'ébranla soudainement pour glisser jusqu'à mes pieds sans toucher à mes jambes. Mon soulagement fut immense. Je l'ignorais, mais, à ce moment, la plaque de béton était soutenue par une dizaine d'hommes. S'ils l'avaient laissée retomber, elle m'aurait écrasé de nouveau. Un soldat qui se trouvait à mes côtés s'empressa d'empoigner la cheville de ma jambe blessée. Il tira dessus sans ménagement dans le but de me soustraire au piège le plus vite possible. En hurlant, je le suppliai de prendre l'autre jambe. Il s'exécuta et il parvint à m'entraîner à l'écart du danger. D'autres hommes vinrent me saisir les bras pour me tirer hors des décombres. Je fis en sorte d'atténuer leur charge en me servant autant que je le pus de mon corps et de mes membres valides. Je me hissai en dehors du passage sans l'aide de personne. J'inspirai profondément. Je n'oublierai jamais cette merveilleuse bouffée d'air frais qui caressa mes bronches irritées par la poussière. Elle eut l'effet d'un onguent sur une vilaine brûlure. J'étais libre !

Je m'adossai à un pan de mur effondré qui émergeait du tertre formé par les décombres de l'hôtel Montana. À ce moment, je constatai que les dégâts étaient beaucoup plus étendus que je l'avais cru durant ma captivité. Autour de moi, les secouristes équatoriens se félicitaient avec effusion. Je leur demandai un Sprite ! Ils accueillirent cette requête en riant. L'un d'eux me répondit : « *Agua !* » en désignant un réservoir en plastique noir rempli d'eau. Le liquide était tiède et il avait un goût prononcé de tuyau d'arrosage. Malgré tout, je m'en délectai. J'étais déshydraté. Ma gorge était en feu. J'aurais pu boire la mer avec son sel, ses algues et ses poissons ! Les soldats me donnèrent un petit drapeau de leur pays. Le groupe m'entoura, et cet heureux moment fut immortalisé sur une série de clichés. L'un des hommes photographia également le trou en forme de cercueil dans lequel je venais de passer ce qui fut sans conteste les dix-huit plus pénibles heures de ma vie. Les militaires me posèrent de nombreuses questions. Je leur dis mon nom, je leur parlai de mes trois enfants et de l'endroit d'où je venais. J'étais profondément ému. Mes yeux roulaient dans l'eau. Je leur exprimai ma gratitude en leur disant plusieurs fois que je les aimais. Ensuite, mes sauveteurs conjuguèrent leurs efforts pour me transporter avec délicatesse à la base de la colline accidentée que constituaient les ruines de l'hôtel.

Je me retrouvai en lieu sûr. On m'installa sur un mince coussin de chaise longue. Trois autres blessés étaient étendus près de moi. Il y avait aussi quelques personnes assises qui, physiquement du moins, avaient été épargnées par le désastre.

Parmi elles se trouvait un musicien français. Cet artiste était descendu au Montana pour y donner un concert. Je rencontrai également un Canadien que j'avais croisé la veille dans le hall de l'hôtel. Il travaillait pour l'ACDI. Il me confia qu'il déambulait à l'extérieur de l'immeuble quand le puissant tremblement de terre s'était produit. Il avait vu le luxueux complexe s'effondrer tel un vulgaire château de cartes. Je me renseignai à la ronde au sujet de Serge Marcil. J'appris qu'il n'avait pas encore été retrouvé. Néanmoins, l'un des Haïtiens qui s'occupaient de notre groupe m'annonça que son téléphone cellulaire avait été découvert dans les décombres. Il ajouta même que la sonnerie de l'appareil s'était fait entendre à plusieurs reprises. Je songeai que Christiane, la femme de Serge, avait sans doute tenté de le joindre. Je demandai à l'Haïtien de m'apporter le cellulaire de mon collègue. Il acquiesça, mais il ne revint pas. De toute manière, je n'aurais été en mesure d'appeler personne. J'ignore à quel moment il devint impossible d'utiliser les réseaux téléphoniques, mais, puisque l'appareil de Serge a sonné ce jour-là, il m'apparaît probable que la rupture des communications ne soit survenue qu'après le séisme principal. Par la suite, une seconde anecdote est venue conforter cette hypothèse : à mon retour à Montréal, Brigitte, l'une de mes amies, m'apprit que, durant les heures suivant la catastrophe, elle avait tenté de me joindre. Plus tard, elle avait reçu plusieurs appels qui provenaient de mon propre téléphone cellulaire. Elle avait répondu à chacune de ces occasions, mais elle n'avait rien perçu d'autre que le bruissement distinctif qui lui indiquait que la communication était établie. Je crois que mon BlackBerry s'est retrouvé à la portée de quelqu'un qui, tout comme moi, était enseveli sous les décombres. Si cela s'est déroulé ainsi, ce malheureux individu est, à l'évidence, parvenu à appuyer sur le bouton de recomposition automatique du téléphone. Était-il en mesure de parler ? Agonisait-il ? Le cellulaire était-il simplement trop endommagé pour lui permettre de se faire entendre ? Certes, je n'obtiendrai jamais de réponses à ces troublantes questions. Mais, chaque fois qu'il m'arrive d'y songer, les images que m'inspire cette mystérieuse communication téléphonique me font frissonner.

9 — Étendu sous un ciel

presque trop bleu pour être vrai, je contemplai le balancement gracieux des larges feuilles d'un splendide palmier qui me surplombait. Je mesurai alors toute l'ampleur du danger auquel je venais d'échapper. Un irrépressible sentiment de gratitude m'envahit. Ce torrent de reconnaissance fit céder les barrières qui, durant les dix-huit heures d'enfer que je venais de vivre, m'avaient permis de tenir tête au désespoir. J'oubliai ma douleur. Je remerciai Dieu, puis je laissai libre cours à mes sanglots. Mes pleurs avaient la vigueur d'un violent éclat de rire. Une Haïtienne s'approcha de moi. Elle effleura de ses mains tendres mon visage baigné de larmes. Elle me murmura à l'oreille des paroles apaisantes comme une berceuse. Je posai les yeux sur sa figure chaleureuse et striée de rides. De sa voix chantante, la vieille dame me dit que j'étais beau et que, selon elle, j'étais certainement une personne extraordinaire. Elle m'encouragea à pleurer pour chasser l'anxiété. Elle m'assura que tout irait bien pour moi. Elle me confia ensuite qu'elle était employée au Montana, et que sa fille, qui avait fait ses études à Montréal et qui travaillait dans l'administration de l'hôtel, se trouvait toujours dans les ruines. En dépit de cette triste réalité, les traits de la brave dame exprimaient une profonde paix intérieure. Elle possédait la foi inébranlable de son peuple. Elle avait la conviction que sa grande fille était toujours vivante et que les secouristes la retrouveraient saine et sauve. Il restait un bouton de manchette à ma chemise lacérée. Il était rose et représentait grossièrement une fleur. Avant de la quitter, j'offris cet objet à la vieille Haïtienne. Je lui demandai de le donner à sa fille lorsqu'elle la reverrait. Ma bienfaitrice accepta ce maigre présent avec un sourire bouleversant de certitude. En examinant ce qui restait de l'hôtel Montana, dont les rares structures encore debout continuaient de s'affaisser, il était difficile de partager un tel sentiment de confiance. Toutefois, je me gardai d'émettre le moindre doute. Après tout, n'étais-je pas moi-même l'incarnation des espoirs les plus insensés ?

Je n'aurais assurément pas réussi à m'endormir, mais, malgré les élancements qui me taraudaient, je parvins à me détendre un peu. Une bouteille d'eau serrée dans ma paume, je discutais avec la vieille femme en savourant la faible brise qui caressait ma tête et ma figure. Soudain, un roulement de tonnerre me glaça le sang. Ce bruit fit vibrer mes os comme les lames d'un xylophone. Des cris d'effroi s'élevèrent autour de nous. L'Haïtienne se leva d'un bond pour demander d'un ton rempli de colère ce qui avait provoqué ce vacarme. Une voix en contrebas lui répondit que des hommes avaient entrepris de dynamiter des arbres dans le but d'aménager une aire d'atterrissage pour les hélicoptères. La brave dame se mit alors à abreuver d'injures les responsables de cet acte ridicule. Elle avait bien raison ! Il restait peut-être des survivants sous les décombres ! Les secousses sismiques qui se produisaient à intervalles réguliers rendaient déjà la situation très précaire. Il était tout à fait inconscient d'en rajouter en utilisant des explosifs à proximité des ruines ! L'aire d'atterrissage fut néanmoins aménagée. Heureusement, après l'énergique intervention de ma nouvelle amie, les militaires usèrent de procédés moins retentissants. Plus personne ne s'avisa de jouer les Rambo.

Je demeurai plusieurs heures à cet endroit. Étant donné que je n'arrivais plus à plier mon corps, je demandai que l'on me retire mes souliers et mes chaussettes. Un Haïtien qui se dépensait comme une fourmi ouvrière veilla à nous ravitailler en eau. Cet individu fit preuve d'une grande compassion à l'égard des rescapés. Il venait nous voir fréquemment pour nous prodiguer des mots d'encouragement. Je lui donnai ma montre brisée et ma ceinture. Il fut touché par ce geste. Dans le courant de l'après-midi, un représentant du consulat de France vint me rencontrer. On lui avait parlé d'un touriste assez mal en point qui s'exprimait en français. Il avait cru que j'étais l'un de ses compatriotes. Il me demanda si j'étais parvenu à communiquer avec quelqu'un de mon pays pour l'informer de ma situation. Je lui répondis par la négative. Il me suggéra de lui donner le numéro de téléphone de l'un de mes proches afin qu'il puisse le retransmettre aux gens de l'ambassade du Canada. L'effort que je fis pour répondre à cette proposition me révéla à quel point ma mémoire était devenue défaillante ; j'eus beau réfléchir, je fus incapable de me souvenir d'aucun numéro de téléphone ! Le seul qui me vint en tête fut celui de Caroline. L'émissaire français le nota. Par la suite, un médecin hispanique procéda à l'examen de mes blessures. Les plaies et les tuméfactions bleuâtres qui apparaissaient sur mon crâne rasé ne l'inquiétèrent pas. Il découpa mon pantalon souillé de sang de manière à examiner ma jambe droite. Le membre était trop enflé pour que le médecin puisse établir un diagnostic. Il soupçonna cependant la présence de fractures. Il évalua également que les probabilités que je souffre d'une ou de plusieurs hémorragies internes étaient élevées. J'appris alors que mon cas était prioritaire et que mon évacuation vers un lieu où l'on pourrait me soigner adéquatement était des plus urgentes.

Les secouristes nous installèrent, mes trois camarades blessés et moi, sur des portes de chambre de l'hôtel Montana. Allongés sur ces brancards de fortune, nous fûmes transportés au pied de la pente abrupte où avait été aménagée l'aire d'atterrissage des hélicos. On nous déposa dans l'ombre de quelques arbres qui, sans nul doute, venaient d'être soustraits de justesse aux élans des dynamiteurs écervelés. Peu de temps après, un militaire s'avança vers moi pour m'annoncer que je m'envolerais sous peu en direction du Brésil ! Cette information me laissa bouche bée. Compte tenu de mon état, j'estimai que j'aurais beaucoup de mal à supporter un pareil voyage ! La côte de la Floride était proche ! Miami aurait été une destination nettement plus logique ! En fait, je n'avais pas bien compris les paroles du soldat. Ce dernier m'expliquait plutôt que je serais transporté par des Brésiliens vers un camp provisoire dressé pour accueillir les victimes du séisme. Ces installations étaient situées non loin de l'aéroport Toussaint Louverture de Port-au-Prince. Je souris en réalisant ma méprise. Par la suite, les hélicoptères se succédèrent bruyamment. Ils furent quelques-uns à s'envoler sans moi, mais je fus quand même rapidement évacué en compagnie d'un autre blessé. Avant l'embarquement, je vis pour la dernière fois le visage de la vieille femme qui attendait avec optimisme des nouvelles de sa fille disparue. Je ne connaissais pas son nom. J'avais omis de le lui demander. Pourtant, durant un moment, cette gentille dame et moi avions été unis comme l'arbre et la terre. Je ne l'oublierai jamais.

Le vol fut de courte durée. Après l'atterrissage, les secouristes me hissèrent à l'arrière d'une ambulance qui avait vaguement l'apparence d'un corbillard. Nous gagnâmes le camp de l'ONU. L'endroit grouillait d'activité. Les grandes tentes que les militaires avaient érigées jouxtaient le tarmac de l'aéroport. On me transporta à l'intérieur de l'une d'entre elles pour me déposer sur un étroit lit de camp. Il y avait là un grand nombre de blessés. Des gens s'affairaient auprès d'eux. Quelques sacs de soluté étaient suspendus à des cordes de nylon jaune qui s'entrecroisaient sous le plafond de toile épaisse. Des chariots contenant des médicaments et des articles médicaux étaient placés près de l'entrée. Une chaleur de serre régnait sous la tente. Un climatiseur avait été installé, mais il ne fonctionnait pas. Les pales d'un ventilateur donnant sur l'extérieur brassaient l'air lourd sans générer la moindre brise. Les mouches s'agglutinaient en grappes noires sur les pansements ensanglantés. Elles se posaient avec une mollesse écœurante sur la peau moite et la chair à vif. Il y a souvent des mouches sur les images montrant des enfants du tiers-monde. Croyez-moi, il ne s'agit certainement pas d'un stratagème pour accroître la pitié d'éventuels donateurs. J'ai maintenant la preuve que ces répugnantes créatures adorent pondre leurs œufs dans le terreau des pires misères.

10 — Un long moment passa

avant que quelqu'un vienne s'enquérir de mon état. Une gentille femme médecin s'approcha enfin de moi. Elle me demanda si j'avais mal. C'était le cas, en effet. Je lui dis que je souffrais beaucoup. Toutefois, dans les circonstances, je n'avais aucune envie de me plaindre. Le désastre avait fait une multitude de victimes. La souffrance était omniprésente. Il aurait été puéril que quiconque cherche à se l'approprier. Je me sentais en sécurité dans le camp, ce qui représentait déjà un progrès notable. La médecin me donna deux comprimés d'acétaminophène et une bouteille d'eau. Ce remède bénin aurait à peine suffi à apaiser une légère migraine. Ma visiteuse n'avait cependant rien de mieux à m'offrir. Elle eut un sourire un peu las avant de me quitter. Des soldats, des policiers et des infirmiers allaient et venaient sous la tente. L'un de mes voisins de lit me salua. Il était Français. Ses blessures ne semblaient pas trop graves. À ma droite, une Haïtienne dormait paisiblement.

Je fermai les yeux, et, comme je l'avais fait sous les décombres, j'essayai de méditer pour calmer ma douleur. Cette méthode ne fonctionnait plus. Je marinai longtemps dans la chaleur étouffante de la vaste tente. Le sommeil ne voulait toujours pas de moi. Il y avait du bruit : des gens pleuraient, d'autres criaient ; les infirmiers s'échangeaient des directives et ils tentaient tant bien que mal de rassurer les blessés ; des soldats discutaient à voix haute, et les mouches bourdonnaient autour de ma tête. Vers la fin de l'après-midi, je reçus la visite d'un traumatologue de Miami qui m'examina d'un air soucieux. Il se concentra surtout sur ma jambe blessée et il décela vite des fractures du bassin et du fémur. Ce spécialiste pensait aussi que mon pied droit était cassé, mais l'enflure ne lui permettait pas de se prononcer avec exactitude. Il m'annonça finalement que je souffrais d'hémorragies internes et qu'il fallait que je m'envole sans délai pour Miami. Le traumatologue s'adressa à des militaires. Ces hommes me transportèrent à l'extérieur. Ils m'abandonnèrent à quelques pas du tarmac surchauffé où je n'eus plus qu'à attendre l'heureux moment de mon départ vers la Floride.

J'étais ivre de douleur et de fatigue. Mes facultés avaient grandement diminué. Allongé sous un soleil cuisant, je laissai errer un regard de somnambule sur l'animation qui m'entourait. J'étais sur le point de partir pour le continent. Rien d'autre n'importait. Une représentante de l'ONU vint me rencontrer. Elle s'exprimait en espagnol. Or, le peu de connaissances que j'avais de cette belle langue s'était presque entièrement dilué dans l'eau trouble de ma torpeur. L'anglais de la femme était plutôt mauvais. Notre conversation fut malaisée. Puisque j'étais sur le point de quitter Haïti, elle voulait que je lui fasse part des coordonnées d'une personne qu'elle pourrait informer au sujet de mon admission dans un hôpital de Miami. Étant donné que les réseaux téléphoniques étaient gravement perturbés, voire totalement inopérants, elle préférait procéder par courrier électronique. La seule adresse de courriel qui me revint en mémoire fut celle de Bernard Poulin, mon patron chez SMI. En articulant avec difficulté, je dictai cette adresse à la représentante de l'organisation internationale. Ensuite, je lui demandai d'informer mon supérieur du fait que, depuis le tremblement de terre, je n'avais reçu aucune nouvelle de Serge Marcil. La femme hocha la tête comme si elle avait bien compris chacun des mots que je venais de lui bredouiller. Elle nota l'adresse à la perfection. Bernard Poulin reçut effectivement un message de l'ONU par courrier électronique. Cependant, ce message stipulait que Serge Marcil et Marc Perreault s'apprêtaient tous les deux à être admis au Jackson Memorial Hospital de Miami. Il va sans dire que ce renseignement erroné sema la confusion au Québec. Certains médias relayèrent la nouvelle que Serge Marcil était vivant. Ce malentendu engendra de vains espoirs chez les proches de mon collègue. Je suis désolé d'avoir été à l'origine de cette fausse rumeur. À ma décharge, elle fut le résultat d'un extrême accablement conjugué à une communication très déficiente. Les miens furent, eux aussi, orientés sur une mauvaise piste. Le message de l'ONU leur fut retransmis, et mon frère Yves commença à vérifier la disponibilité des vols en direction de Miami. Mais mon transfert vers la côte floridienne n'eut jamais lieu.

Je patientai durant une heure à l'extérieur. La journée s'achevait. Malgré tout, les rayons obliques du soleil étaient encore accablants. Des gens passaient près de moi sans se préoccuper de ma présence. On aurait dit que j'étais devenu invisible. Le traumatologue qui m'avait examiné effectuait des allers-retours rapides et nombreux entre le campement et l'aire de service de l'aéroport. Sur l'unique piste, un gros avion militaire attendait sa cargaison d'individus en détresse. Je parvins enfin à attirer l'attention du spécialiste. Il s'avança vers moi. Je lui demandai à quel moment viendrait mon tour d'être embarqué dans l'appareil. Il fronça les sourcils pour m'expliquer avec froideur que, vu que je ne pouvais pas m'asseoir, je prendrais malencontreusement la place de deux citoyens américains. Ces derniers devaient être évacués en priorité. Par conséquent, mon départ pour Miami devait être retardé. Le docteur me dit ensuite qu'il reviendrait et qu'il serait probablement en mesure de procéder dès le lendemain à mon transport en direction de la Floride. Cette annonce fut loin de me rassurer. Ma déception fut très amère.

Je réintégrai le grand abri de toile. On m'installa du côté opposé à celui où je m'étais trouvé plus tôt. À ma droite, un homme dormait. Il ronflait avec force. Des bandages lui ceignaient la tête. J'appris dans la soirée qu'il s'agissait d'un policier originaire du Tchad. Une petite Haïtienne d'environ cinq ans reposait sur le lit qui se situait à ma gauche. Les paupières de la fillette étaient closes, mais elle gémissait. Son bras délicat était relié à un sac de soluté. L'abattement et le chagrin m'envahissaient. J'entrevoyais avec inquiétude les longues heures d'attente que je devrais encore endurer avant de pouvoir profiter de soins adéquats. Mes souffrances étaient horribles, et les cachets d'acétaminophène que le personnel médical du camp me donnait n'avaient aucun effet. J'étais indigné d'avoir été ainsi laissé pour compte par le docteur de Miami. Mais ma colère était surtout motivée par l'absence d'un représentant du consulat canadien au cœur de ce centre névralgique que constituait l'aéroport. Nos dirigeants se targuent de gouverner l'une des grandes puissances mondiales. Néanmoins, quand vient le temps d'agir avec diligence, il n'est pas rare que les décideurs de notre pays, qui n'est, en vérité, rien de plus qu'une colossale annexe de l'empire états-unien, fassent montre d'une déplorable inefficacité. Au moment du tremblement de terre, il y avait dans la capitale haïtienne des intervenants du monde entier. À mon retour sous la tente, je dressai mentalement la liste des nations qui, par l'intermédiaire de leurs envoyés, m'avaient apporté leur soutien. Je devais mon difficile sauvetage à un groupe de soldats équatoriens. Au pied des ruines du Montana, un émissaire de l'ambassade de France était venu me rencontrer. Ensuite, j'avais été transporté par des militaires brésiliens vers un camp dressé en catastrophe par l'Organisation des Nations Unies. Un médecin américain avait examiné mes blessures. Avant l'annulation de mon départ vers la Floride, j'avais reçu la visite d'une envoyée de l'ONU qui ne s'exprimait pratiquement qu'en espagnol. J'avais entendu dire que le Canada était très présent en Haïti. Pourtant, dans mon isolement et mon impuissance, j'eus le sentiment que mon pays n'était rien de plus qu'une obscure république de bananes. La réputation du passeport orné de la feuille d'érable est-elle surfaite? Sachez que, en ce qui me concerne, la question ne se pose même plus.

11 — Il y avait tout de même

quelques Canadiens parmi les gens de toutes les origines qui se dévouaient pour les blessés que l'on conduisait au camp. Mais j'ai la certitude que leur présence en ces lieux n'avait rien à voir avec une quelconque initiative de l'ambassade du Canada. Durant la soirée, je reçus la visite de Christine, une policière de Montréal. Cette aimable jeune femme m'apporta un jus d'orange. Le breuvage vint égayer mon régime constitué uniquement d'eau tiède et de comprimés. Bien entendu, il ne s'agissait pas de la boisson gazeuse de mes rêves. Seulement, je m'en délectai. Dès qu'elle en avait la chance, Christine venait me tenir compagnie. Elle faisait preuve d'une extraordinaire compassion à mon endroit. C'était une pure étrangère, mais elle se comportait avec moi comme une sœur aimante. Je crois bien que, si elle avait pu partager mes souffrances, elle l'aurait fait sans hésiter. Jusqu'au moment de mon départ d'Haïti, elle m'a soutenu. Elle m'a insufflé une grande part du courage dont j'avais besoin pour m'accrocher à la vie. Puisque Christine lira probablement ce livre, je profite de l'occasion pour la remercier du fond du cœur.

J'éprouvais de plus en plus de difficulté à mettre de l'ordre dans mes pensées. Pourtant, je parvins à me rappeler que Joanne Matte, une policière du SPVM que j'avais rencontrée à quelques reprises, était en mission à Port-au-Prince. Joanne était une bonne copine de Stéphanie Delisle, une amie de longue date pour qui j'éprouve beaucoup d'affection. Je parlai de Joanne à Christine. Elle me dit qu'elle la connaissait et qu'elle travaillait dans les environs du camp. Elle se hâta d'aller la chercher. Joanne fut heureuse de me revoir. J'appris plus tard que mon état l'avait passablement ébranlée, mais, ce soir-là, lorsqu'elle s'amena à mon chevet, elle ne laissa rien transparaître de ses inquiétudes. Quand elle me vit, elle jugea tout d'abord que j'avais pris beaucoup de poids depuis la dernière fois que l'on s'était rencontrés. En fait, lorsque j'avais foulé le sol haïtien, j'étais en excellente forme. Mon corps était même très musclé. Cette enflure qui me faisait ressembler au célèbre Bibendum de la société Michelin était causée par une importante dysfonction rénale. Je demandai à Joanne si elle pouvait tenter de communiquer avec Stéphanie pour lui apprendre que j'étais vivant. Elle me dit qu'elle disposait d'Internet et qu'elle ferait en sorte d'entrer en liaison avec notre amie commune. Cette réponse me rassura. Ce fut donc dans la soirée du mercredi 13 janvier que mes proches reçurent les premières véritables nouvelles de moi. Joanne Matte se garda de mentionner à Stéphanie à quel point j'étais souffrant. Elle lui expliqua que j'avais été transporté dans un camp de l'ONU et que j'avais subi de multiples fractures. Seulement, elle jugea bon de ne pas lui transmettre les impressions qu'elle avait eues en me voyant. Joanne doutait de mes chances de survie. Elle n'avait pas tort.

Mon état empirait d'heure en heure. Mes paroles étaient de moins en moins cohérentes. Mes fesses, mes hanches et mon dos étaient excessivement douloureux. On aurait dit que j'étais étendu sur le lit de clous d'un fakir. Je demandai à des militaires de m'installer autrement, mais les médecins affirmèrent qu'il était préférable que je demeure couché sur le dos. Je réclamai de la morphine. On continua à me donner du Tylenol. La gentille Christine vint souvent me voir. Son impuissance à me soulager la chagrinait. Je fis aussi la connaissance d'un Québécois fort sympathique. Depuis peu, la conjointe de ce compatriote travaillait pour l'ambassade canadienne. Accompagné de leur fille, il était venu retrouver sa femme en Haïti dans le but de profiter de quelques jours de vacances en famille. En douce, et à plusieurs reprises, cet homme glissa des comprimés d'acétaminophène dans la poche de ma chemise. Lors de son premier méfait, il me conseilla d'en prendre dès que j'en ressentirais le besoin. Or, puisque le besoin était toujours présent, je respectai la posologie dictée par mon fournisseur. Durant les heures qui suivirent, je devins sans doute le plus grand consommateur de Tylenol de la planète ! Mais les lancinations qui m'affligeaient étaient trop puissantes pour ce médicament. Dans les circonstances, il aurait été tout aussi efficace de me gaver de bonbons à la menthe.

La liste de mes connaissances en médecine était assez limitée. Après avoir passé plusieurs semaines dans un centre hospitalier, je dispose aujourd'hui de notions plus qu'élémentaires sur le sujet. Mais, tandis que j'étais alité dans la tente-hôpital de l'ONU, il n'en allait pas ainsi. Je supposai néanmoins que j'avais besoin d'un sac de soluté. J'avais pris mon dernier repas dans l'avion. J'avais perdu une bonne quantité de sang. J'enflais de partout. Ma faiblesse était extrême, j'étais déshydraté et je n'arrivais pas à étancher ma soif. Je me sentais glisser vers un état d'abattement qui me faisait peur. Je fis part de mes craintes au personnel médical. On m'avoua que les médicaments manquaient de façon cruelle et que les rares sacs de soluté étaient destinés aux cas les plus urgents. Le traumatologue de Miami revint. Je lui dis que mon dos me faisait mal et que je désirais être couché autrement. Il n'émit aucune objection. Il dit aux militaires qu'ils pouvaient me changer de position sans courir le moindre risque d'aggraver mes maux. Ensuite, il déclara aux médecins qui l'entouraient que j'étais un cas lourd et que je devais à tout prix recevoir un soluté. Les médecins acquiescèrent, mais ils ne tinrent pas compte de cette directive. Avant le départ du spécialiste, je lui quémandai un peu de morphine. Il m'affirma qu'il n'y avait pas de morphine dans le camp. Je sus par la suite qu'il y en avait. Toutefois, ce puissant calmant était exclusivement réservé aux Américains. Pour quelle raison m'en serais-je indigné ? Après tout, mon appartenance à une autre nation ne faisait-elle pas de moi un être humain de rang inférieur ?

Avec l'aide des soldats, je fis de multiples tentatives pour trouver une position à peu près supportable. Ce fut peine perdue. Puisque je ne pouvais guère me déplacer pour soulager mes besoins naturels, un policier avait veillé à me confectionner, à partir d'une bouteille d'eau, un petit urinoir très commode. Lorsque vint le temps de m'en servir, je m'exécutai en grimaçant de douleur. Mon urine avait la couleur du cola. Cela n'augurait rien de bon. J'entrevis alors la possibilité de mourir dans ce camp. Je me dis que cette perspective était insensée ; je n'avais quand même pas survécu à l'effondrement de mon hôtel pour rendre mon dernier souffle dans un lieu bondé de docteurs et d'infirmières ! Et puis, mon soluté n'arrivait pas ! Ceux et celles à qui je le réclamais hochaient la tête d'un air entendu, mais ils ne revenaient jamais avec l'inestimable sac de liquide translucide. J'avais peur. Je tenais des propos irrationnels. Je me souviens d'avoir insisté sur l'importance de rentrer chez moi en invoquant que je devais absolument tondre ma pelouse ! Seulement, chez moi, c'était l'hiver à perte de vue, et mon gazon était enseveli sous un épais tapis de neige ! De plus, dans ma condition, je n'aurais même pas été en mesure de me raser le visage ! Pas de doute, j'aurais pu trouver mieux comme prétexte.

Plusieurs personnes m'aidèrent à tenir le coup. Le Français légèrement blessé qui avait été mon premier voisin de lit vint me voir pour me confier qu'il avait discuté avec le représentant de son ambassade. Celui-ci voulait que j'accompagne les ressortissants de son pays qui devaient s'envoler pour Paris dans la matinée. J'étais d'accord. Peu importe l'endroit où l'on m'emmènerait, je désirais recevoir de vrais soins et quitter ce mouroir. Le Québécois qui était venu retrouver sa femme à Port-au-Prince — et qui continuait illicitement de me fournir en comprimés d'acétaminophène — essayait d'entrer en communication avec l'ambassade du Canada pour que quelqu'un d'un peu influent se préoccupe enfin de moi. Il me dit qu'il ferait en sorte de me sortir de là. Il me promit également que, tant que je ne serais pas tiré d'affaire, il demeurerait à mes côtés. La générosité de mes compagnons d'infortune me réchauffait l'âme et le cœur. Grâce à eux, je n'abandonnais pas.

12 — J'ignore s'il pouvait s'agir

d'une coutume, ou si c'était parce que l'horrible catastrophe qui venait de toucher leur pays allait au-delà de ce que les larmes auraient pu exprimer, mais les Haïtiens qui avaient trouvé refuge dans le camp ne pleuraient pas. Ils chantaient. Leurs voix douces se mêlaient dans une mélopée plaintive où ressurgissait fréquemment le nom de Dieu. Ils ne le maudissaient pas. Ils le louangeaient. «*Bondyé bon*[2]», soupiraient-ils. Ils verbalisaient ainsi, au mépris de ce que l'humanité considérait déjà comme la plus navrante des injustices, leur amour inconditionnel à l'endroit du Créateur. Ce chant ininterrompu était né au crépuscule. Il dura jusqu'au matin. La nuit n'apporta aucune fraîcheur. Ma chemise crottée me collait à la peau. L'air sentait la sueur, le sang, la maladie et l'urine. Les mouches qui pénétraient à loisir par la porte grande ouverte constellaient le toit de la tente. Quelques-unes d'entre elles jouaient les funambules sur les cordes de nylon jaune qui surplombaient les rangées de lits. Je les épiais d'un regard absent. Mon insomnie perdurait. Philippe, un policier français, vint s'ajouter au groupe de personnes qui se relayaient pour m'encourager et me réconforter. Il disait que j'étais son cousin du Québec et il se qualifiait lui-même de sale Français. Sa bonne humeur était contagieuse. Ses pointes d'humour atténuaient l'accablement ambiant. Philippe parvint même à m'arracher quelques rires, ce qui, vu ma condition, représentait un véritable exploit. Qui plus est, il se rallia à mon ami québécois afin de me ravitailler en comprimés blancs.

J'étais seul et couché sur mon flanc droit quand une soudaine nausée s'empara de moi. Je faisais face au policier du Tchad, qui

---

2   «Dieu est bon», en créole.

semblait dormir. Nos lits étaient près l'un de l'autre. Si je vomissais, je ne pourrais pas éviter de l'asperger. J'essayai de le réveiller pour l'avertir de ce qui se préparait. Mes cris d'alarme furent sans effet. Je fis part de mon malaise à une infirmière qui m'apporta rapidement un contenant en carton. J'eus à peine le temps de m'en saisir. Ce contenant fut d'ailleurs inutile, car le puissant jet de bile verdâtre que j'expulsai fila tout droit sur mon infortuné voisin de lit. Ce dernier bondit sur ses pieds. La stupeur marquait ses traits. Ses yeux étaient grands comme des soucoupes. La situation avait un petit côté burlesque. Je suis convaincu que ce policier tchadien n'oubliera jamais le réveil brutal que je lui fis vivre cette nuit-là. Aujourd'hui, quand vient le temps pour lui de relater sa propre version des péripéties d'un rescapé du tremblement de terre dévastateur d'Haïti, cette dégoûtante anec-dote doit probablement figurer au premier rang des événements marquants de son récit.

Je baignais dans ma vomissure. À l'évidence, le personnel médical n'avait pas l'intention de s'en mêler. De toute manière, je m'en moquais ; à force de déceptions, j'avais fini par me réfugier dans l'indifférence. Une Haïtienne s'avança vers moi. Étant donné qu'un petit cercle jaune avait été collé sur son front, elle faisait sans doute partie des blessés. Ce signe servait à identifier les victimes du séisme qui avaient été examinées par les médecins. J'en portais un, moi aussi. En silence, la dame me débarrassa des objets qui se trouvaient dans mes poches pour les mettre dans un sac en plastique muni d'un fermoir. Elle retira mes vêtements et découpa ma chemise souillée. Elle m'en dégagea sans me brus-quer. J'étais nu. Ma bienfaitrice prit une bouteille d'eau. À l'aide d'un chiffon, elle entreprit de me laver. Elle m'épongea ensuite avec délicatesse, puis elle alla chercher une couverture propre et épaisse dans laquelle elle m'emmaillota comme un petit enfant. Il faisait très chaud sous la tente, mais la couverture me sécurisa. Après avoir reçu ce traitement rempli de sollicitude, je fus bien près de céder à l'envie de sucer mon pouce ! La dame accueillit mes remerciements avec un sourire triste. Elle me quitta d'un pas lent pour regagner son lit. Le traumatologue américain se manifesta de nouveau. Je l'interpellai. Il me dit que je pouvais compter sur lui, et que, quand viendrait le matin, je l'accompagnerais en direction de Miami. Suis-je le roi des naïfs ? Cette possibilité ne doit pas être rejetée, car, lorsque le bon docteur me fit cette nouvelle promesse, je le crus sans la moindre hésitation. Le cœur gonflé d'espoir, et le corps toujours privé de sérum artificiel, je me mis à guetter avec impatience le lever du jour.

J'étais couché de manière à observer la fillette qui occupait le lit placé à la gauche du mien. À l'instar de ses compatriotes adultes, la petite extériorisait son chagrin en chantant à voix basse. De grosses larmes cristallines perlaient sur ses joues couleur café. Cette pauvre enfant venait de perdre ses parents. Une détresse infinie se lisait dans son regard, qui me fixait. Ses lèvres boudeuses tremblaient légèrement. Je lui offris ma main. Elle tendit la sienne. Une personne qui passait par là nous aida en glissant ses doigts minuscules dans ma grande paume. La gamine ne me dit rien. Elle ne m'adressa aucun sourire. Néanmoins, je pus ressentir que mon contact l'apaisait. Depuis ce temps, j'ai souvent pensé à cette jeune orpheline. Comment un être si frêle peut-il être contraint à supporter le fardeau d'un deuil aussi immense ? J'espère qu'elle a été confiée à des gens qui peuvent lui procurer un amour suffisamment profond pour remédier un peu à celui que le destin lui a ravi. Il va sans dire que je n'aurais pas pu l'amener avec moi. N'empêche que son souvenir me hante. La chose est impossible, je le sais bien. Toutefois, si, demain, je recevais une lettre d'Haïti me proposant d'adopter cette fillette, c'est avec joie que je lui ouvrirais mes bras. Par malheur, j'ai bien peur d'avoir laissé à la pauvre enfant un souvenir beaucoup moins tendre que celui que je garde d'elle. Car elle fut la seconde victime des frasques de mon estomac. L'incident se produisit un peu plus tard dans le courant de la nuit. Des préposés eurent la présence d'esprit de me retourner et d'éloigner la petite Haïtienne. Mais l'irruption fut trop violente pour que la gamine s'en tire sans dommage. La seule occasion où j'entendis sa voix s'élever fut durant ce moment plutôt embarrassant où elle s'exclama plusieurs fois en créole que je venais de lui vomir dessus. Témoin de la scène, le traumatologue s'emporta légèrement. Il rappela à ses disciples qu'il était primordial que je reçoive un sac de soluté. Il s'agissait presque d'un ordre. Pourtant, personne ne se hâta de l'exécuter.

Les dernières heures nocturnes furent perturbées par une alerte au tsunami. Cette annonce créa un certain vent d'inquiétude dans le camp de l'ONU. Les installations de l'aéroport se situaient sous le niveau de la mer. Nous étions donc totalement à la merci d'un éventuel raz-de-marée. Je m'indignai encore une fois en songeant que je n'avais pas survécu au séisme pour mourir noyé dans un endroit où la sécurité était censée être de mise. Fort heureusement, ce ne fut qu'une fausse alerte. Avant l'aube, Joanne Matte vint m'apprendre qu'elle avait réussi à transmettre un courriel à mon amie Stéphanie. Mes proches savaient que j'étais en vie. Ce fut une excellente nouvelle. Joanne m'avoua aussi qu'elle s'était préoccupée de ne pas inquiéter ma famille inutilement. Elle n'avait pas renseigné Stéphanie au sujet de mon état de santé. Je l'approuvai. Elle avait très bien agi. Je perdis ensuite la notion du temps. J'étais épuisé et je vomissais fréquemment. Chacun des spasmes qui secouaient mon estomac décuplait mes douleurs. Au lever du soleil, je reçus enfin un soluté.

Les ruines de l'hôtel Montana

Crédit photo : United Nations Photo par Logan Abassi

L'opération de secours, menée par des Casques bleus équatoriens

Avec l'équipe de secours, heureuse d'avoir réussi à sauver au moins une personne...

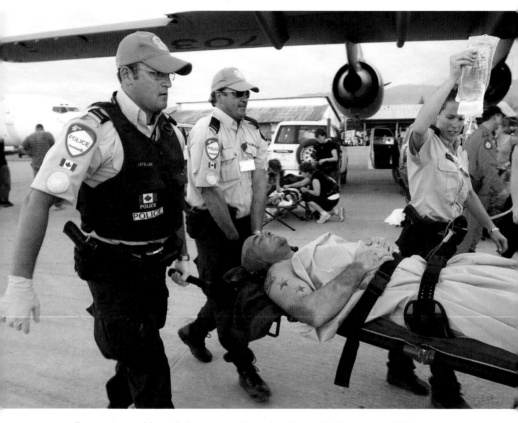

En route vers Montréal... et vers des soins de santé plus appropriés !
Crédit photo : THE CANADIAN PRESS par Adrian Wyld
Port-au-Prince, Haïti, 14 janvier 2010

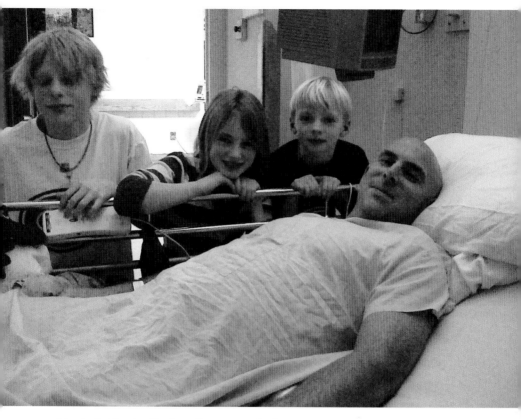

Mes trois blonds : Maxime, Roxanne et Anthony

Une belle visite-surprise que celle de Marie-Chantal Toupin !

13 — La lumière du matin

inonda la tente. Je ne dormais pas, mais je n'avais qu'une perception très vague de ce qui se passait autour de moi. Le brave Philippe vint me tirer de mon engourdissement en m'apportant un jus d'orange. Pour la trentième fois peut-être, il m'encouragea à tenir bon. De son côté, mon compagnon du Québec essayait toujours d'entrer en communication avec notre consulat. Les nombreuses démarches qu'il fit, du moins, pendant que j'étais là, se révélèrent stériles. Dans le camp, nous étions trois ou quatre blessés de nationalité canadienne. Plus de trente-six heures après le séisme, nous attendions tous avec impatience qu'un représentant de notre pays daigne enfin se manifester. Si la présence d'un délégué du Canada avait constitué notre ultime planche de salut, je crois que, pour en rejoindre un, il aurait été plus simple de nous rendre jusqu'à l'ambassade en rampant. Heureusement, la France, les États-Unis et bon nombre d'autres nations ont su faire preuve de suffisamment d'efficacité pour nous préserver de l'inertie de nos bureaucrates. Nous avons pu nous débrouiller sans eux. Et l'individu qui oserait affirmer le contraire ne serait rien d'autre qu'un parfait menteur.

Aujourd'hui, je sais que le tremblement de terre et ses répliques ont causé d'importants dommages à l'ambassade du Canada. Comme ce fut le cas pour des millions de personnes en Haïti, les gens qui s'y trouvaient ont été secoués. Je sais aussi que des bureaux provisoires ont dû être installés en catastrophe afin d'accueillir les ressortissants canadiens qui étaient en mesure de s'y rendre. Malgré tout, j'ai toujours du mal à comprendre pourquoi les autorités de notre ambassade ont jugé satisfaisant d'attendre que les gens viennent à eux. Ont-ils seulement envisagé la probabilité que certains de leurs compatriotes fussent trop mal en point pour passer au comptoir de renseignements qu'ils avaient mis sur pied? En situation de crise, j'estime qu'un consulat ne devrait pas être géré comme un simple bureau de poste. Étant donné que l'aéroport était l'endroit tout désigné pour mettre en branle les opérations de secours, la pertinence de dépêcher d'urgence un émissaire du Canada sur les lieux était indiscutable. Je ne tiens pas à m'acharner. Je veux simplement souligner le fait que des dignitaires ne se sont pas montrés à la hauteur des importantes fonctions qui leur avaient été assignées. Les personnes concernées, s'ils ont vent de mes reproches, prétendront peut-être qu'ils sont injustifiés. Mais, si mes mots les offusquent, je tiens à ce qu'elles sachent que l'indignation n'est rien en comparaison des sentiments d'abandon et d'insécurité que leur incompétence m'aura fait endurer.

Le jour était encore très jeune lorsque Christine vint m'annoncer qu'un avion militaire était sur le point de quitter la base de Trenton en Ontario pour venir chercher les rescapés canadiens. Cet appareil devait toucher la piste de l'aéroport de Port-au-Prince aux environs de 13 h. Après avoir reçu cette nouvelle, je sentis monter en moi un léger regain d'énergie. Mon enthousiasme fut cependant de courte durée. Un peu plus tard, nous apprîmes que le projet avait échoué ; l'avion qui nous était destiné n'était tout bonnement pas aménagé pour le transport de civières. Le traumatologue de Miami me rendit une dernière visite. Au mépris de la plus criante des évidences, il me demanda encore si j'étais capable de m'asseoir. Je lui répondis par un *non* exaspéré. Mon handicap fit, pour une seconde fois, le bonheur d'une paire d'Américains. Bien entendu, ce docteur était aux prises avec beaucoup trop de préoccupations pour s'offrir le loisir de se payer ma gueule. Néanmoins, je doute qu'il ait vraiment eu l'intention de me faire transporter à Miami. Si j'avais pu m'asseoir, m'aurait-il dit que mon cas n'était pas assez sérieux pour que je prenne la place de l'un de ses compatriotes? Selon vous, qu'est-ce qui a bien pu m'inspirer une idée aussi saugrenue?

Un peu comme les gouttes de mon soluté, les heures s'écoulaient lentement. Je m'efforçais de me convaincre de l'imminence de mon départ. Je n'allais vraiment pas bien, et j'avais la nette impression qu'une autre journée complète passée dans cette tente pourrait m'être fatale. Sans me le dire, les gens qui m'entouraient me considéraient déjà comme un mourant. Au milieu de la matinée, un médecin que je voyais pour la première fois s'avança vers moi. Il m'apprit que les blessés français seraient bientôt transportés vers un hôpital de la Martinique, et que, là-bas, ils bénéficieraient de soins comparables à ceux qu'ils auraient reçus dans de grandes villes comme Paris ou Montréal. Le docteur me dit que, si je désirais partir avec lui, il y avait une place pour moi dans l'avion. Il ajouta que j'avais également la possibilité de m'envoler pour Saint-Domingue en compagnie de l'équipe médicale de la République dominicaine. J'optai pour la Martinique. Le médecin m'assura qu'il ne restait que quelques détails à régler et que notre départ ne tarderait pas. Au préalable, il veillerait à ce que des infirmiers me préparent en vue du voyage. Après notre bref entretien, il adressa un signe de la tête à des collaborateurs qui s'étaient tenus en retrait pour leur indiquer que j'avais accepté son offre.

Quelques instants après la visite du docteur martiniquais, Joanne Matte, sa consœur Christine et mon ami québécois entrèrent en coup de vent dans la tente pour se diriger vers mon lit. Un médecin de l'armée canadienne était avec eux. Ce militaire anglophone m'expliqua, dans un français tout à fait correct, qu'il venait nous chercher, mes compatriotes et moi, pour nous rapatrier au pays. Il m'invita à être patient, parce que l'avion qui nous attendait n'était pas encore prêt pour le décollage. En outre, l'appareil n'avait pas été aménagé pour recevoir des civières, ce qui nécessitait certains ajustements. J'ignore encore s'il s'agissait de l'avion qui, d'après les renseignements qui nous étaient parvenus plus tôt dans la matinée, n'avait jamais pu quitter la base de Trenton. Mais, puisque le problème concernant les civières était de nouveau mentionné, c'était probablement le cas. Je discutai un peu avec le médecin. Il me confia qu'il avait appris son français à Montréal pendant qu'il poursuivait ses études à l'Université McGill. Des soldats me transportèrent à l'extérieur de la tente. Ils m'enfournèrent à l'arrière d'une camionnette. Christine demeura à mes côtés. La jeune femme tenait mon sac de soluté. Le conducteur et son collègue étaient des policiers du Québec. Je fus très heureux de les voir. L'un d'eux donna à Christine un contenant gros format de jus d'ananas et un autre de jus d'orange. Ma gentille alliée me demanda d'ouvrir la bouche, puis elle me fit boire avec mille précautions tout en alternant les saveurs. C'était exquis ! La camionnette était équipée d'un climatiseur. Il fonctionnait à plein régime. J'eus la sensation agréable d'avoir été retiré d'une étuve pour être immergé dans l'eau fraîche d'un lac. Je ressentais dans chaque parcelle de mon être que je venais de franchir une étape importante de cette course contre la mort. Cette dernière perdait du terrain.

Le véhicule resta immobile durant de longues minutes. Nous faisions partie d'un petit convoi. Nos compatriotes blessés étaient, eux aussi, en route vers le Boeing C-17 des Forces canadiennes. Les policiers communiquaient par radio avec leurs collègues des autres camionnettes. Ils s'échangeaient des directives pour déterminer le meilleur chemin à suivre pour éviter les zones encombrées de l'aéroport. Étant donné qu'ils ne désiraient pas secouer outre mesure leur fragile cargaison humaine, il leur importait également de contourner les secteurs trop accidentés. Tandis que nous attendions que le convoi s'ébranle, je demandai aux policiers s'ils n'avaient pas, à tout hasard, une canette de Sprite qui traînait dans leur boîte à gants. Mes accompagnateurs ne purent malheureusement pas me satisfaire.

14 — Couché comme je l'étais

à l'arrière du véhicule, je ne pus rien voir de la cohue qui nous entourait. Nous avancions très lentement. Le conducteur nous avisa que le trajet vers le Boeing durerait environ dix minutes. Tout au long du chemin, Christine me décrivit ce qu'elle voyait à travers les glaces de la camionnette. Elle continua non moins à m'abreuver de jus et de mots d'encouragement. À un certain moment, le véhicule atteignit une vitesse respectable et constante. La durée du parcours se rapprocha de la prévision faite par le conducteur. J'eus toutefois l'impression que ce court périple s'éternisait. Quand Christine s'exclama qu'elle apercevait l'avion, je poussai un profond soupir de soulagement. Le convoi fut obligé de s'immobiliser à une bonne distance de l'appareil dont les puissants réacteurs étaient en fonctions. Les policiers descendirent de la camionnette. On me laissa à l'intérieur dans le but de me laisser profiter autant que possible de la climatisation. Nous venions à peine de nous arrêter lorsque Christine me fit savoir qu'un journaliste rattaché à un réseau de télévision anglophone du Canada désirait m'interviewer. J'acceptai sans hésitation. Le reporter s'informa de l'endroit d'où je venais avant de recueillir mon témoignage sur les heures cauchemardesques que j'avais traversées à la suite de l'effondrement de l'hôtel Montana. Je lui dis aussi que j'étais grièvement blessé et que je souffrais beaucoup. En terminant, le journaliste me demanda si je voulais adresser un message aux membres de ma famille. L'émotion m'étranglait. Je répondis simplement : « *I love you !* » Je souriais, mais de grosses larmes roulaient sur mes joues. C'était des larmes de bonheur.

Christine et trois autres policiers m'extirpèrent de la camionnette avec beaucoup de délicatesse. Ils me déposèrent sur une civière que Joanne Matte s'était donné beaucoup de mal à dénicher. Avant leur départ de la base ontarienne, les militaires n'avaient rien embarqué dans l'avion qui aurait pu servir de brancard. Il est vrai qu'un Boeing C-17 est très dispendieux. Les Forces canadiennes possèdent quatre de ces appareils. Cela explique peut-être pourquoi le ministère de la Défense nationale ne dispose pas d'un budget suffisant pour faire l'achat de civières... Dès que je me retrouvai à l'extérieur du véhicule, une meute de photographes et de caméramans m'entoura. Christine tenait mon sac de soluté au-dessus de sa tête pour faciliter l'écoulement du liquide. J'étais nu comme un ver sous ma couverture. Mes vêtements en lambeaux étaient restés au camp. Avec mon visage gonflé comme un ballon de plage, je n'étais assurément pas très photogénique. L'avion géant dominait la foule. Je me dis que j'étais enfin hors de danger. Le médecin de l'armée n'était cependant pas de cet avis. Sur le tarmac, il avoua à Joanne que mon état était des plus critiques. Selon lui, il était même probable que je ne survive pas au voyage. Je fus transporté à bord de l'avion. La soute ressemblait à un gigantesque hangar. J'appris plus tard en lisant les journaux qu'il y avait une centaine de Canadiens dans cette section du Boeing. Mais je n'eus pas conscience de la présence d'un aussi grand nombre de rescapés. Je fixais le plafond d'acier grisâtre sans pouvoir soulever la tête pour examiner mon environnement. Ma civière fut solidement arrimée au sol, à côté de celles de mes trois autres compatriotes blessés qui provenaient du camp de l'ONU. Des soldats et des infirmiers s'affairaient autour de nous. Le docteur diplômé de l'Université McGill vint m'expliquer que la partie du C-17 dans laquelle nous nous trouvions n'était pas pressurisée. Il me donna un masque à oxygène. En le plaquant sur ma figure, je sentis la panique m'envahir. Je l'arrachai aussitôt. Mon séjour sous les décombres m'avait rendu claustrophobe. Ce problème m'incommode encore aujourd'hui. J'utilisai néanmoins le masque durant le vol. Je le fis par intermittence, parce que j'étais absolument incapable de supporter plus de trente secondes la sensation oppressante que cet objet me procurait. Je ne courais toutefois aucun risque ; j'étais entouré par une petite équipe médicale qui, grâce à un appareil pourvu d'un écran, surveillait la concentration d'oxygène dans mon sang. Dès qu'ils le jugeaient nécessaire, ces gens m'exhortaient à prendre une bouffée d'air. Quand j'étais trop amorphe pour coopérer, ils ne se gênaient pas pour agir à ma place.

Le bourdonnement des réacteurs poussés à fond fit vibrer le fuselage du C-17. Le colossal appareil s'ébranla pour s'arracher de la piste de l'aéroport Toussaint Louverture. Je quittai ainsi, sans pouvoir lui accorder un dernier regard, la terre dévastée d'Haïti. Je dois admettre que j'étais alors trop assommé pour m'émouvoir du fait que des millions de gens ne pourraient pas bénéficier d'une telle chance. Au fil de ce récit, j'ai déjà blâmé plusieurs fois les autorités du Canada. Je ne remettrai pas mes écrits en question. Toutefois, je me rends bien compte de l'immense privilège que représente celui d'appartenir à une grande nation. Il faut néanmoins avouer que, puisqu'il figure parmi les pays les plus riches du monde, le Canada se voyait dans l'obligation d'intervenir rapidement à la suite du tremblement de terre qui a ravagé Port-au-Prince et ses environs. Nous savons aujourd'hui que nos dirigeants ont longuement hésité avant de prendre la décision de venir en aide au peuple haïtien. Qu'attendaient-ils ? Devaient-ils, au préalable, recevoir l'aval de Washington ? En ce qui concerne le rapatriement des ressortissants canadiens, qui n'est tout de même survenu que deux jours après le séisme, il serait exagéré de prétendre que l'opération fut un exemple d'efficacité de la part de notre gouvernement. À mon humble avis, le devoir du Canada était de dépêcher un avion dans les heures suivant le cataclysme. Bien entendu, les Américains avaient pris le contrôle de l'aéroport, mais, pour faire avancer les choses, il aurait été essentiel que notre premier ministre entre en scène avec une fermeté digne de ses fonctions. Or, il ne l'a pas fait. Il n'a probablement même pas songé à le faire. Depuis trop longtemps, le Canada me fait penser à un majestueux vaisseau qui possède tout ce qu'il faut pour susciter la fierté chez ceux qui s'y embarquent. Seulement, les capitaines et la majorité des membres d'équipage qui obtiennent l'autorisation de manœuvrer ce grand bateau sont généralement de bien mauvais marins.

Quelques minutes avant le décollage, le médecin de l'armée m'avait entretenu de notre destination. Il m'avait dit que le C-17 s'envolerait en direction de la base de Trenton. Il m'avait sans doute aussi expliqué que nous devions faire escale en Floride afin de procéder au ravitaillement de l'avion. Quoi qu'il en soit, j'avais complètement oublié cette dernière information quand le Boeing se posa à l'aéroport international de Miami. Dans ma confusion, je m'imaginai que nous avions déjà atteint le Canada! Le voyage jusqu'en Ontario m'avait semblé très court, et je me dis naïvement que le C-17 était un appareil extrêmement rapide! Le docteur vint m'éclaircir les idées en précisant que nous venions d'atterrir à Miami et que l'escale durerait deux heures. Il m'avertit que des agents des douanes américaines monteraient à bord de l'avion pour vérifier l'identité de ses passagers. Tout ce qui restait de mes effets personnels se trouvait dans un petit sac en plastique qui m'avait heureusement suivi. Mon passeport, mon argent et mes cartes de crédit avaient été glissés dans ce sac par l'aimable dame haïtienne qui m'avait déshabillé et lavé dans la tente-hôpital. Je retrouvai également la carte magnétique qui m'avait permis d'entrer dans ma chambre du Montana. Je songeai alors que j'étais sorti de l'hôtel en ruine grâce à une autre carte. Cette carte était celle de la bénédiction.

15 — Nous quittâmes Miami.

Après le décollage, je m'informai auprès d'un soldat pour savoir combien de temps il nous faudrait pour atteindre la base de Trenton. Il me répondit que le vol durerait environ trois heures. Quelques minutes plus tard, le médecin des Forces canadiennes vint m'annoncer que notre destination avait changé et que nous atterririons plutôt à Montréal. Cette nouvelle me réjouit. J'allais retrouver les miens beaucoup plus tôt que prévu ! Je passai la majeure partie du voyage dans un état de demi-sommeil. Je ne vis pas filer le temps. Je me souviens vaguement d'avoir livré quelques faibles batailles pour repousser mon masque à oxygène, mais les infirmiers veillaient au grain. Le Boeing C-17 se posa à l'aéroport Montréal-Trudeau avec un peu de retard. Un militaire me demanda alors de lui transmettre le numéro de téléphone d'une personne que je désirais avertir de mon arrivée. Ma mémoire ne s'était pas améliorée. Une grande part des données que je connaissais par cœur avant de me retrouver enseveli sous les décombres de l'hôtel Montana étaient dissimulées dans un coin sombre de mon cerveau. De temps à autre, tel un mouchoir entre les doigts d'un prestidigitateur, l'une d'elles apparaissait subitement. Par bonheur, le numéro de mon frère Yves me revint à l'esprit. Le soldat en prit bonne note.

Quelques ambulances attendaient à proximité de la piste où venait d'atterrir le gros appareil. Le médecin qui avait étudié à McGill fut sans doute le principal responsable de cette intervention rapide. Vraisemblablement, il avait communiqué avec l'aéroport afin de s'assurer que les blessés graves seraient conduits sans délai vers un lieu où l'on pourrait leur apporter les traitements qu'exigeait leur triste condition. L'avion s'immobilisa. Dès que les portes furent ouvertes, un groupe d'ambulanciers pénétra dans la soute. Deux d'entre eux se dirigèrent vers moi pour m'expliquer que mon état était prioritaire et qu'ils devaient me transporter de toute urgence à l'hôpital du Sacré-Cœur de Montréal. Je fus vite hissé dans l'ambulance. Il en alla de même pour les trois autres rescapés étendus sur des civières. J'appris ultérieurement que les nombreux passagers du C-17 furent conviés à se rendre dans un centre de triage aménagé dans un hôtel qui avoisinait l'aéroport. À cet endroit, des médecins examinaient leurs blessures et leur offraient les premiers soins. Les arrivants d'Haïti recevaient ensuite un repas, et, si cela se révélait nécessaire, l'hôtel les hébergeait. La nuit était bien avancée lorsque l'ambulance qui m'emmenait quitta Dorval pour foncer en vrombissant vers le nord de la ville. La sirène du véhicule demeura muette.

J'aurais bien du mal à décrire les premiers moments qui succédèrent à mon admission au service des urgences du centre hospitalier. Le personnel médical qui m'avait accueilli s'était hâté de m'administrer un puissant calmant. Il devait être plus de 4 h lorsque Caroline, mon frère Yves et sa conjointe Anik pénétrèrent dans la petite salle où l'on m'avait installé à la suite d'une série d'examens. Les sentiments qui se bousculèrent en moi quand, après être virtuellement revenu d'entre les morts, j'aperçus les visages de ces personnes si chères à mon cœur générèrent une émotion que les mots ne sauraient exprimer. En constatant leur présence, les premières paroles que je prononçai furent : « Vous ne pouvez pas vous imaginer ce que je viens de vivre ! » Je répétai cette phrase à quelques reprises avant d'enchaîner avec la suivante : « Serge Marcil est mort ! Je suis certain qu'il n'a pas survécu ! » Un mélange de tristesse, de joie et de soulagement se lisait sur les traits de mes visiteurs. Caroline m'observait comme si elle avait de la difficulté à croire que j'étais là. Elle me toucha et m'embrassa avec tendresse. Ses gestes me révélèrent l'intense fébrilité qui l'animait. Caro avait déjà vécu l'affreuse expérience de pousser la porte d'une pièce comme celle dans laquelle je me trouvais. Elle avait déjà éprouvé l'immense chagrin de voir un homme qu'elle aimait couché comme je l'étais sur une civière. La première épreuve l'avait grandement meurtrie, car la mort avait remporté la partie. Je n'étais pas beau à voir. Mon crâne et mon front étaient maculés de sang séché. Mon visage était boursouflé. Je fis de mon mieux pour sourire à ma belle, et je lui dis que j'étais heureux qu'elle soit là, mais que je regrettais de l'avoir mise dans l'obligation de quitter son lit à une heure pareille. Cette affirmation était tout à fait sérieuse, mais je la murmurai sur un ton léger qui démontrait que, malgré les apparences, mon moral était bon. Caroline se détendit. Dans ses yeux, la peur céda sa place à la gaieté de me retrouver. Je n'étais pas vraiment sain, mais j'étais sauf.

Yves fut très ébranlé de me voir ainsi. Il affichait toutefois le flegme inébranlable qui l'a toujours caractérisé. Sa présence à mon chevet me sécurisa au plus haut point. Il souleva légèrement ma couverture pour observer ma jambe blessée. Mon membre était violet. Il avait aussi conservé l'angle anormal provoqué par son écrasement. Mais, ce qui étonna surtout mon frère durant cet examen de la partie inférieure de mon anatomie fut la grosseur stupéfiante de mes testicules ! J'étais devenu un hybride d'homme et de taureau ! J'avais de quoi faire pâlir d'envie un roi du cinéma XXX ! Malheureusement, avant que quelqu'un songe à me faire signer un lucratif contrat dans ce domaine, je tiens à spécifier que cet état ne fut que passager. Au bout de quelques jours de soins, je pouvais déjà dire adieu à une éventuelle carrière d'acteur porno.

Seulement deux personnes à la fois pouvaient venir me visiter dans cette petite pièce où je reposais. Plus haut, j'ai mentionné que Caroline, Yves et Anik étaient arrivés au même instant. En vérité, ce n'est pas tout à fait ainsi que les choses se déroulèrent. Mais les souvenirs que je garde de cet épisode sont plutôt vagues. Je ne peux pas faire autrement que de vous en livrer une version approximative ; j'évoluais au cœur de cette scène comme dans les brumes d'un rêve. Dany Moreau, mon nouveau patron chez

SMI, vint me voir cette nuit-là. Il était accompagné de Maryse Surprenant, ma future adjointe. Dany et Maryse, qui avaient suivi l'évolution de la situation avec anxiété, m'avaient attendu au centre de triage de l'aéroport. En apprenant mon arrivée imminente, ils s'étaient dirigés vers Dorval dans le but de m'apporter leur soutien. Sur les lieux, on leur avait annoncé que je venais d'être transporté d'urgence à l'hôpital du Sacré-Cœur. La sollicitude de Dany et de Maryse me toucha. Je répétai à mon supérieur que Serge Marcil n'avait certainement pas survécu à l'effondrement de l'hôtel. Dany manifesta une profonde empathie à mon égard. Maryse, que je connaissais bien, et qui devait devenir mon assistante après ma mission en Haïti, pleurait à chaudes larmes. À la blague, je lui donnai l'assurance que je serais vite remis sur pied. Je lui affirmai qu'elle avait intérêt à se préparer, car j'aurais bientôt beaucoup de travail à lui confier.

La nuit de mon retour fut donc ponctuée par quelques traits d'humour. Mes proches furent assurément bouleversés de constater à quel point j'étais souffrant, mais grâce aux plaisanteries que je lançai de temps en temps, ils eurent au moins le bonheur de renouer avec mon optimisme et ma force de caractère. L'épisode le plus drôle de ces dramatiques retrouvailles ne résulta cependant pas d'une boutade de ma part. Cette scène loufoque se déroula lorsqu'une infirmière m'apporta enfin la canette de boisson gazeuse dont j'avais tant rêvé depuis les premières heures de mon séjour sous les décombres. Dès mon entrée à l'hôpital, j'avais réclamé que l'on m'apporte ce Saint-Graal. Le personnel médical m'avait d'abord refusé ce plaisir. Tout portait à croire que je souffrais de graves problèmes rénaux. Je réussis finalement à convaincre une aimable soignante que quelques gorgées de Sprite ne pourraient pas envenimer ma situation. Après les atrocités que je venais de vivre, je méritais bien une petite douceur. Yves s'amuse chaque fois qu'il évoque le moment où l'infirmière s'avança vers moi en exhibant le précieux contenant cylindrique. De l'avis de mon frère, j'étais comme un bébé affamé à qui l'on aurait présenté le sein ou le biberon. Mes yeux étaient ronds. Ma bouche entrouverte tremblait de désir. Je tendais les mains pour m'emparer de ce trésor avant même qu'il soit à ma portée. J'accueillis en gazouillant le contact froid de la canette entre mes paumes. Mes doigts s'y agrippèrent comme les serres d'un oiseau de proie. J'eus l'autorisation de ne siroter qu'une seule gorgée de ce nectar. En outre, il s'agissait d'un produit concurrent de celui qui avait occupé mes fantasmes. Peu m'importait. Cette simple gorgée de boisson claire, fraîche et pétillante symbolisait pour moi l'aboutissement d'une abominable traversée. Au printemps 2010, Yves organisa un vernissage de ses œuvres. Il préparait déjà cette exposition quand est survenu le tremblement de terre haïtien. L'un de ses tableaux illustrait une canette de Sprite entourée d'un halo lumineux. Mon frère donna au sujet l'apparence de ces pierres de kryptonite qui influençaient les pouvoirs de Superman. Dans les récits relatant les aventures de l'illustre super héros, cette matière était généralement néfaste. En ce qui concernait la kryptonite liquide que j'avais inspirée à l'artiste, elle donnait l'impression de pouvoir procurer à celui qui s'en emparerait, la force et la volonté de résister aux plus implacables fléaux.

16 — J'étais en lieu sûr.

J'avais eu la chance de fuir le pays ravagé où étaient nés les pires tourments de mon existence. De plus, j'étais entouré des miens. Malgré tout, le traumatisme psychique provoqué par les événements n'avait rien perdu de son intensité. Les calmants avaient éloigné la douleur, mais la peur, elle, se manifestait fréquemment. Lorsque cela se produisait, je contractais mes muscles en serrant les poings et les dents. Dans le but de combattre ces accès de panique, j'essayais de mettre en pratique les techniques de relaxation que j'avais appris à maîtriser. Je fermais les yeux et j'inspirais profondément en murmurant : « Il faut que je me calme. Je suis maintenant en sécurité. Il faut que je me calme. » Mes tentatives furent très peu efficaces. Pour rien au monde, je n'aurais voulu me retrouver seul. Je priai Caro de rester avec moi. J'étais comme un bambin aux prises avec de violentes terreurs nocturnes. J'avais besoin d'une présence réconfortante à mes côtés. Si quelqu'un avait éteint la lumière dans la pièce, j'aurais sans doute hurlé. Avant l'aube, Yves rentra chez lui pour prendre une douche et se remettre de ses émotions. Mon frère devait aussi se préparer à me prêter assistance durant ces longues semaines où il devint, sans compter les heures, mon rempart contre l'assaut de mille épreuves.

Mon passage aux urgences fut bref. Avant que mes visiteurs soient autorisés à venir m'y rejoindre, le personnel médical qui m'avait pris en charge m'avait déjà soumis à une batterie d'examens. J'avais passé des radiographies des jambes, du bassin et des poumons. On avait aussi procédé à une scanographie de mon cerveau. Je souffrais d'une grave déshydratation. De surcroît, l'écrasement prolongé de ma jambe avait entraîné mes muscles volontaires à produire une dose massive de myoglobine et de créatine. Ces protéines musculaires relâchées dans mon organisme étaient très toxiques pour mes reins. Elles donnaient également à mon urine cette coloration acajou qui m'avait désagréablement surpris lorsque j'avais soulagé ma vessie dans le camp de l'ONU. Ce symptôme avait permis aux médecins de diagnostiquer une rhabdomyolyse. Ce trouble de l'organisme est aussi appelé à juste titre le syndrome des ensevelis. Durant la nuit, Yves s'était discrètement entretenu avec le spécialiste en trauma qui s'occupait de moi. Mon frère voulait avant tout savoir si je serais un jour en mesure de remarcher. Le docteur lui avait assuré que l'état de ma jambe ne l'inquiétait pas. Ses craintes concernaient surtout mes reins, qui ne fonctionnaient presque plus. Il fallait d'abord m'hydrater énergiquement. Si cette méthode se révélait insuffisante, la dialyse deviendrait alors inévitable. En dernier recours, il importerait de pratiquer une longue incision dans ma cuisse droite pour permettre aux muscles broyés, qui sécrétaient toujours leur venin, de se relâcher. Ce programme n'avait rien d'encourageant.

Le jour devait être sur le point de se lever au moment où je fus transféré aux soins intermédiaires. Lorsque mon frère et Anik me quittèrent pour retourner à la maison, Caroline demeura à mon chevet. L'effet narcotique du cocktail de médicaments que l'on m'avait administrés m'abrutissait, mais mon corps combattait toujours pour éviter de glisser entièrement dans le gouffre d'un sommeil profond et continu. Pourtant, j'étais épuisé. J'avais dépensé le peu d'énergie qui me restait pour essayer d'expliquer à mes visiteurs l'horreur que j'avais vécue dans l'enfer de Port-au-Prince. Évidemment, mon élocution pâteuse et ma mémoire défaillante avaient fait de moi un médiocre orateur, mais mon état en disait suffisamment long pour que mes proches se fassent une idée à peu près claire de ce que j'avais été forcé d'endurer. Quand j'arrivais à m'endormir, mes muscles restaient tendus, et je parlais dans mon sommeil. Je marmonnais sans cesse qu'il fallait que je me calme parce que j'étais en sécurité. Dès que j'ouvrais les paupières, je cherchais Caroline du regard. Elle était là, veillant sur moi ; les yeux rougis et les joues luisantes de larmes. Je lui disais alors en souriant que j'étais très heureux qu'elle soit à mes côtés. Je lui demandais de ne plus pleurer, car j'étais revenu et que tout irait bien. Quelques heures auparavant, quand j'avais eu le bonheur de la retrouver, j'avais confié à Caro que cette mésaventure m'avait beaucoup fait réfléchir sur le sens que j'avais donné à mon existence. Je lui avais affirmé que bien des choses allaient changer. Malgré l'engourdissement qui m'envahissait, j'avais toujours bien en tête la promesse que j'avais faite à Dieu sous les décombres. Par ailleurs, ma volonté de respecter et de savourer la vie n'était déjà plus une promesse. C'était devenu une mission. À partir de mon arrivée à l'hôpital du Sacré-Cœur, je pus utiliser le mot *miracle* pour qualifier la suite d'interventions qui m'a permis de poursuivre mon histoire.

La chambre que j'occupais aux soins intermédiaires était située à côté d'un poste de travail destiné au personnel médical. La cloison donnant sur le couloir était vitrée, ce qui permettait aux médecins et aux infirmières de me surveiller en permanence. Durant la matinée, un néphrologue vint me rencontrer afin de m'éclairer sur ma condition. Les radiographies simples n'avaient révélé aucune fracture. J'avais souffert d'un léger traumatisme crânien. Les muscles broyés de ma jambe auraient besoin de temps pour guérir, mais, grâce à un effort soutenu et un encadrement adéquat, je devrais m'en tirer sans séquelles importantes. Le docteur me dit que l'excellente forme physique dans laquelle je me trouvais avant les événements avait grandement contribué à atténuer les dommages subis par mon corps. Ma robuste musculature avait agi comme une armure. Vive l'entraînement ! Les bonnes nouvelles étant communiquées, le spécialiste enchaîna avec les mauvaises. Il m'avoua que mes reins étaient en très piteux état. Il m'expliqua que je souffrais de rhabdomyolyse et que je n'échapperais probablement pas à la dialyse. Il me parla aussi de l'intervention agressive qui, dans le cas où les autres traitements ne suffiraient pas, consisterait à m'ouvrir la cuisse pour obliger mes muscles striés à cesser leur œuvre destructrice. Le docteur m'interrogea également sur les soins qui m'avaient été prodigués là-bas. Il fut étonné d'apprendre que j'avais dû patienter aussi longtemps avant de recevoir un sac de soluté. À son avis, il aurait fallu que l'on m'en procure un tout de suite après m'avoir extirpé des décombres de l'hôtel. L'absence d'une hydratation adéquate avait grandement contribué à l'aggravation de mon état de santé. J'accueillis les sombres pronostics de l'homme en blouse blanche sans exprimer trop d'émotions. J'étais sous l'influence de la morphine. Après m'avoir tant boudé, le sommeil était enfin devenu mon meilleur ami. À ce moment, si l'on m'avait annoncé l'apocalypse, je n'aurais sans doute pas bronché. Pourvu que l'on m'assure que, pendant que se déroulerait la fin du monde, personne ne s'aviserait d'éteindre la lumière de ma chambre !

J'étais relié à trois sacs de soluté et je réclamais à boire dès que j'ouvrais l'œil. Mon corps était gonflé de liquide. Pourtant, ma gorge et ma langue restaient sèches comme un désert. Désormais, lorsque j'entendrai parler de la soif et de la douleur, je pourrai affirmer que j'ai expérimenté le plus haut degré de ces deux désagréments. Mon organisme mit deux ou trois jours avant de réagir positivement au traitement de réhydratation massive auquel il fut soumis. Durant cette période, mes reins reprirent vaillamment du service, ce qui m'épargna d'autres souffrances ainsi que quelques cicatrices supplémentaires.

17 — Je conserve peu de souvenirs précis

de la première semaine que je passai à l'hôpital du Sacré-Cœur de Montréal. Pour décrire clairement cette nébuleuse période, je dois surtout avoir recours aux témoignages de ceux qui se trouvaient à mes côtés. Mon frère Yves fut mon allié le plus assidu. Après m'avoir quitté durant quelques heures, il revint dès le vendredi de mon arrivée pour commencer à veiller sur moi. Je n'aurais pas pu profiter d'une meilleure protection contre la meute d'individus qui, en dépit de ma lamentable condition, tentèrent de pénétrer dans ma chambre. Parmi ce groupe, il y avait des gens bien intentionnés qui désiraient me rendre visite pour me revoir et me réconforter. Mais il y avait aussi quelques-uns de ces journalistes à sensation dont la principale raison d'être consiste à tirer profit de la détresse des autres. Yves m'a préservé de ces vampires. Des policiers de la Sûreté du Québec sont aussi venus pour m'interroger. Ils voulaient recueillir des informations au sujet de Serge Marcil. Je n'étais cependant pas en état de leur répondre. À l'instar des journalistes, les agents furent congédiés séance tenante par mon garde du corps. Ils revinrent lorsque je fus mieux disposé à leur accorder une entrevue. Ils me firent voir une série de photos montrant les cadavres de victimes retrouvées dans les décombres du Montana. Après un examen plutôt éprouvant, je leur affirmai que mon collègue ne comptait pas parmi ces morts.

Mon frère est grand et costaud. Son crâne rasé, sa barbe longue et sombre, ainsi que ses nombreux tatouages lui donnent des allures de dur à cuire. Il est intimidant, et, lorsqu'il se retrouve au milieu d'une foule, il se crée presque toujours un vaste espace libre autour de lui. Il faut fouiller le regard de ce colosse pour dénicher un indice de la profonde sensibilité qui le caractérise.

À l'hôpital, Yves arborait son masque de guerrier. Quand une telle occasion se présente, il semble hasardeux de chercher à le contrarier. Mon gorille favori demeurait à mon chevet. Il assurait ainsi une surveillance presque constante de la porte de ma chambre. Il n'hésitait pas à rabrouer tous ceux qui menaçaient ma tranquillité. Durant mon séjour à Sacré-Cœur, le bruit a couru, parmi le personnel et les bénéficiaires, que j'étais un membre influent des Hells Angels ! À lui seul, ce détail illustre bien le respect mêlé de crainte que mon frère peut parfois inspirer à des inconnus. Malgré les apparences, Yves Perreault est le meilleur gars du monde. Lorsqu'il s'agit de se consacrer à ceux qu'il aime, il le fait avec une abnégation exceptionnelle. À l'époque où Julie et moi préparions notre maîtrise en gestion de projet à l'Université du Québec en Outaouais, Yves est venu partager durant quelque temps l'appartement que j'occupais avec ma future femme. Nous avions alors beaucoup de pain sur la planche, et mon frère faisait tout ce qu'il pouvait pour nous faciliter la vie. Il vaquait allégrement aux tâches ménagères. En outre, il nous préparait de savoureux repas. Nous nous amusions à le surnommer Adèle, par référence à la populaire domestique de la série télévisée américaine des années 1960. Encore aujourd'hui, il m'arrive souvent d'utiliser ce surnom pour taquiner Yves. Ce sobriquet cadre plutôt mal avec le physique du personnage, mais il représente fort bien le dévouement et la grandeur d'âme dont il sait faire preuve. En revenant à l'hôpital, ce vendredi-là, Adèle m'apporta quelques caisses de berlingots de jus d'orange. Il m'était interdit d'absorber du potassium, et le jus d'orange en contient beaucoup. Curieusement, le personnel médical ferma les yeux sur ce petit plaisir qui, au bout du compte, ne me procura rien d'autre que de doux instants de bien-être.

Les premiers jours furent des plus affligeants pour Caroline et mon frère. Ils purent ressentir une partie de l'angoisse qui me hantait depuis que j'avais ouvert les yeux dans les ruines de l'hôtel. La plupart du temps, je dormais, mais mon sommeil était agité, et je serrais toujours les poings en murmurant qu'il fallait que je me calme. Je reçus quelques visiteurs. Malheureusement, je n'accordai que très peu d'attention à ces personnes. Je leur racontai en bredouillant des bribes désordonnées de ma mésaventure. Quand Dany Moreau était venu me voir aux urgences, je lui avais demandé de prévenir Bernard Poulin du fait que je ne retournerais jamais en Haïti. Quelque chose en moi désirait furieusement oublier ce pays et les événements tragiques qui s'y étaient déroulés. Pourtant, chaque fois que je recouvrais un peu de lucidité, je m'informais de ce qui se passait à Port-au-Prince. Même si j'avais la conviction que Serge Marcil n'avait pas survécu, j'espérais du fond du cœur que l'on m'annoncerait qu'il avait été retrouvé vivant. Ma voix était faible, et mon regard fixait le vide. Les prises de sang se succédèrent toutes les deux heures. Les infirmières vinrent fréquemment prendre ma température par voie rectale. Des sacs de glace furent appliqués sur mes testicules pour les faire désenfler. Dans le but de mesurer ma saturation en oxygène, on voulut que je porte un masque similaire à celui que j'avais été contraint d'endurer dans l'avion. Je refusai d'accéder à cette requête.

Un psychiatre vint évaluer mon état d'esprit. Un puissant antidépresseur comptait parmi les nombreuses substances mêlées à mon soluté. Ce médicament est généralement utilisé pour atténuer les angoisses de patients ayant subi un traumatisme important. Il était sans doute très efficace, mais je suis persuadé que mon optimisme inné a contribué à chasser une grande part des pensées néfastes qui auraient pu me tourmenter en contemplant cette falaise qu'il me faudrait gravir pour retrouver une vie semblable à celle d'avant. Bien entendu, j'étais envahi par la tristesse et l'anxiété, mais j'arrivais à sourire et à plaisanter. J'étais vivant, et les choses finiraient par s'arranger. Le psychiatre jugea que mon moral était étonnamment bon. Un autre survivant de l'hôtel Montana se trouvait aux soins intermédiaires. Par respect pour cet homme, je m'abstiendrai de dévoiler son identité, car j'ignore s'il aimerait voir son nom apparaître dans ce livre. Son histoire lui appartient, et je sais maintenant à quel point certains sentiments sont difficiles à partager. Physiquement, ce rescapé avait été beaucoup moins malmené que moi. Il se réfugiait par contre dans le déni. Il ne contestait pas la réalité du désastre qui avait touché Haïti. Toutefois, il avait du mal à se figurer qu'il vivait toujours. On aurait dit qu'il s'en voulait d'avoir été extirpé des décombres et d'être suffisamment bien portant pour en parler. Une infirmière vint me demander si je ne pouvais pas rencontrer cet infortuné afin d'essayer de lui remonter le moral. J'acceptai. On transporta le lit de l'homme dans ma chambre et on le disposa près du mien. Il était accompagné de sa conjointe. Nous avons longtemps discuté. Mon visiteur était, lui aussi, demeuré prisonnier durant une nuit entière sous les ruines du bâtiment. Je ne sais pas si notre entretien l'a vraiment apaisé, mais j'ai l'impression que le fait de pouvoir comparer sa pénible expérience avec celle d'un autre survivant du tremblement de terre lui offrit au moins l'occasion de se sentir moins seul. Quelqu'un pouvait comprendre l'horreur qu'il avait vécue. Mon nouvel ami me remercia du temps que je lui avais consacré. Avant de me quitter, sa femme et lui m'assurèrent que je serais toujours le bienvenu chez eux. Quelques mois plus tard, cet homme me rendit visite à mon domicile. Il semblait en très grande forme. Toutefois, une ombre dans son regard m'indiqua que son âme souffrait toujours. J'avais conservé la carte magnétique de ma chambre d'hôtel. Je voulus la lui montrer, mais il refusa catégoriquement de la voir, un peu comme si cet objet avait eu le pouvoir d'ouvrir une porte conduisant directement dans l'enfer des décombres du Montana.

18 — L'Hôpital du Sacré-Cœur de Montréal

possède un personnel admirable. Le professionnalisme, le dévouement et l'empathie des gens qui se sont occupé de moi ont assurément accéléré ma guérison. Je serais incapable de me rappeler le nom de chacun de ces intervenants, mais je tiens à souligner l'excellence de ces personnes. En dépit de ma grande vulnérabilité, je me suis senti en sécurité du début à la fin de mon séjour. Aux soins intermédiaires, je ressentais un immense besoin de m'extérioriser. Je tentais d'expulser les émotions diverses qui m'étreignaient en racontant mon histoire à qui voulait l'entendre. J'étais très faible, et la morphine m'abrutissait. Je parvins tout de même à entretenir quelques brèves conversations. Je n'eus aucun mal à trouver des auditeurs attentifs parmi les membres du personnel. Il faut dire que je représentais un cas particulier. À la télévision, les images de la dévastation qui régnait à Port-au-Prince repassaient en boucle. Le palais présidentiel haïtien et l'hôtel Montana étaient devenus les principaux emblèmes de cette destruction. En tant que survivant du Montana, j'étais moi-même un symbole en chair et en os de l'impitoyable fléau qui avait touché Haïti. À l'hôpital, la majorité des gens qui entendirent mon témoignage furent vivement bouleversés.

Il y avait toujours quelqu'un non loin de moi. Mon frère venait me retrouver le matin. Le soir, il ne me quittait qu'au moment où il avait la certitude que je m'étais endormi, ce qui m'arrivait généralement aux alentours de minuit. L'horaire des visites se terminait plus tôt, mais le gardien de l'étage se montrait compréhensif. Caroline était aussi très présente. Elle pleurait discrètement, car elle savait que mon désir le plus cher était de ne pas lui causer de chagrin. Je lui répétais que tout irait bien.

Seulement, mes paroles ne pouvaient en rien dissimuler la réalité : je souffrais, j'étais malade et je n'avais même plus la force de la serrer dans mes bras. Ce fut également aux soins intermédiaires que je fis la connaissance d'Isabelle, une énergique infirmière qui en faisait souvent plus que sa tâche l'exigeait. Elle m'apporta son soutien à maintes reprises. Certaines de ses interventions se révélèrent grandement bénéfiques pour moi.

Deux jours après mon admission, mes trois enfants furent autorisés à me rendre visite. Ils étaient accompagnés de leur mère. Il fut très traumatisant pour eux de me voir dans cet état. Étouffés par les sanglots, mes petits blonds parlèrent très peu. Julie pleurait aussi. Sans trop réfléchir à ce que je faisais, je leur livrai un aperçu un peu trop détaillé des épreuves que je venais de traverser. Ma condition les renseignait déjà suffisamment sur les souffrances que j'avais endurées. Le moment était mal choisi pour leur exposer de manière explicite des passages de cet horrible épisode. Mais j'étais trop heureux de les revoir. Je voulais qu'ils sachent à quel point leur amour m'avait aidé à tenir le coup. Je n'étais guère en mesure d'évaluer toute l'anxiété qui les habitait depuis qu'ils avaient reçu la nouvelle du séisme. Maxime, Roxanne et Anthony avaient dû faire face à la crainte de ne plus revoir leur père. Pour en rajouter, leur grand-mère s'était également trouvée en Haïti quand le tremblement de terre était survenu. Cette dernière était de retour, et elle s'en était tirée sans trop de dommages. N'empêche que mes enfants et leur mère avaient dû affronter deux énormes sources d'inquiétude. Je ne réalisais pas que, pour eux, la poussière n'avait pas fini de retomber. Ils m'avaient toujours vu en pleine possession de mes moyens. Dans cette chambre, ils se retrouvaient devant un être presque anéanti. Puisque j'étais sauvé, je regardais vers l'avenir. Mon objectif était de redevenir rapidement l'homme qu'ils avaient connu. Je crois que, de leur côté, il était fort difficile de se faire à l'idée que je me relèverais de ce lit, cerné de tout l'impressionnant attirail qui accompagne d'ordinaire les grands malades.

Un soir, une jeune femme vint me visiter. Elle travaillait à l'hôpital, mais j'ignore quelle poste elle occupait. Elle me raconta que, quand s'était produit le cataclysme, le père de l'une de ses amies était en mission d'affaires à Port-au-Prince. Depuis, il était porté disparu. Les proches de cet homme savaient qu'il avait réservé une chambre au Montana. Ma visiteuse voulait savoir si, à tout hasard, je ne l'avais pas rencontré. Je lui demandai quel était le nom de cette personne. Elle me répondit : « Serge Marcil. » En temps normal, j'aurais sûrement fait preuve de plus de tact pour dévoiler la vérité à cette jeune femme. Je lui déclarai un peu brutalement que j'étais un collègue de monsieur Marcil, et que, selon toute vraisemblance, il était mort. Bien sûr, cette information la bouleversa. Elle se mit à pleurer en se demandant où elle pourrait puiser le courage nécessaire pour transmettre une aussi accablante nouvelle à son amie.

Je passai une semaine entière aux soins intermédiaires. Le mercredi, mes reins avaient recommencé à fonctionner correctement. À un certain moment, mon corps avait contenu dix litres d'eau de plus que la moyenne. Ce surplus de liquide avait été évacué, et l'enflure s'était résorbée en grande partie. Petit à petit, je recouvrais des forces. Je me sentais aussi plus lucide. J'aurais été incapable d'avaler une véritable portion de nourriture, mais j'arrivais à manger et à digérer de petits morceaux de fruits. J'accueillais mes visiteurs en souriant. Je plaisantais et je m'efforçais de paraître décontracté. Je n'avais certainement pas l'intention de faire l'effort de me lever. Cette éventualité n'était même pas à envisager. J'avais tant souffert ! Je méritais de m'offrir une longue période de repos complet ! La dynamique Isabelle ne l'entendait pas ainsi. Ce mercredi-là, elle entra dans ma chambre en compagnie d'un colosse. Elle s'exclama : « C'est aujourd'hui que tu te lèves, Marc ! » Je fus un peu étonné, mais j'acceptai sans protester le défi qu'elle me lança. L'infirmière désigna le fauteuil qui se trouvait à quelques pas de mon lit. Elle m'expliqua que je devrais progresser seul jusqu'à ce meuble pour m'y asseoir. Le colosse m'aida à quitter le lit. Le déambulateur qui m'attendait depuis quelques jours fut disposé devant moi. Je m'agrippai fermement au cadre métallique et je commençai à franchir la distance qui me séparait de mon but. Les radiographies n'avaient révélé aucune fracture. Pourtant, j'en avais subi deux : l'une au bassin, l'autre au fémur. Le médecin hispanique qui m'avait examiné tout de suite après ma sortie des décombres avait soupçonné la présence de ces blessures. Elles n'avaient pas davantage échappé à l'expertise du traumatologue de Miami qui régentait les opérations médicales au camp de l'ONU. Il faut croire que l'enflure de mes membres avait empêché le radiologue de l'hôpital de déceler ce problème, qui, par ailleurs, ne devait être découvert que deux semaines après mon départ de Sacré-Cœur. Quand Isabelle m'exhorta à progresser jusqu'au fauteuil, mes fractures dissimulées étaient encore très récentes. Ma jambe ne m'élançait pas trop, mais ma hanche me torturait. En grimaçant de douleur, je parvins à atteindre mon objectif. Isabelle me félicita. Elle venait de réaliser que je n'étais pas du genre à me laisser abattre. Elle m'affirma que j'avais accompli tout un exploit. Je lui rétorquai que je ne reculais jamais devant un défi, et que, si elle m'avait invité à le faire, j'aurais pu parcourir une bien plus grande distance.

Le vendredi suivant celui de mon arrivée au centre hospitalier, Yves m'apprit, en usant d'une grande délicatesse, que les médecins jugeaient que le temps était venu pour moi de quitter les soins intermédiaires. Cette annonce m'effraya. Je me sentais en confiance à l'intérieur de cette chambre éclairée en permanence. La cloison vitrée permettait au personnel de me surveiller presque sans interruption. En outre, mon transfert signifierait qu'il y aurait moins d'intervenants pour s'occuper de moi. Il me fallait franchir cette étape de bonne grâce. De toute manière, je n'avais pas d'autre choix. Je dis à mon frère que j'étais d'accord.

19 — Dès mon entrée à l'hôpital,

Yves avait entrepris des démarches en vue de me faire profiter le plus rapidement possible de la quiétude d'une chambre privée. Malheureusement, tout indiquait que je ne pourrais pas bénéficier d'un tel luxe. Nous fûmes avisés que, faute de mieux, je serais transféré dans une chambre où se trouvaient déjà trois patients. Cela ne me plaisait pas du tout. La dévouée Isabelle intercéda pour moi auprès des autorités concernées. Elle leur dit que, tant et aussi longtemps que je n'obtiendrais pas une chambre individuelle, je ne quitterais pas celle que j'occupais aux soins intermédiaires. Mon amie infirmière dut se montrer fort convaincante, car, quelques heures plus tard, on répondit positivement à sa demande. La confirmation de mon transfert me rendit très nerveux. J'eus recours à mes pompes pour me prémunir contre une éventuelle crise d'asthme. Afin de me faire passer ce cap critique avec plus d'aisance, je reçus une dose accrue de calmants. Malgré cette précaution, j'eus de la difficulté à combattre le stress qui m'envahissait.

Je fus transporté au troisième étage. Mon frère était à mes côtés. Je me raidis lorsque le préposé poussa mon lit dans l'ascenseur, qui me rappela instantanément celui du Montana. Serge Marcil s'y trouvait encore lorsque je l'avais salué pour la dernière fois. L'ascenseur de l'hôpital était plus spacieux, mais le simple fait de me retrouver dans un endroit clos m'angoissait affreusement. La montée fut brève. Néanmoins, lorsque les portes coulissantes s'ouvrirent enfin, je suais à grosses gouttes, et mon cœur battait à tout rompre. Je découvris ensuite ma nouvelle chambre. Les murs étaient peints de couleurs apaisantes, et la lumière du jour pénétrait abondamment par les fenêtres. Toutefois, ces fenêtres étaient munies de barreaux. Cette constatation m'oppressa. Yves fit de son mieux pour me rassurer. Les calmants que l'on m'avait administrés finirent tout de même par avoir raison de mon anxiété. Ma sœur Martine me rendit visite dans mon nouveau logis. Je fus heureux de la voir, mais notre rencontre fut plutôt monotone ; j'étais à moitié endormi quand elle se présenta à mon chevet. Je devais commencer ma physiothérapie ce jour-là. Je fus malheureusement envahi par de violentes nausées. Les médicaments mêlés à la nervosité m'ont rendu très malade. Mon rendez-vous avec la physiothérapeute de l'hôpital fut donc remis au lundi.

À la suite de mon transfert, je fis la connaissance du sympathique docteur Daniel Bichet. Ce néphrologue renommé et plein d'entrain m'assura que tout irait bien. Son visage jovial m'interdisait de croire le contraire. En constatant que j'étais allongé sur un matelas ordinaire, il s'exclama que ça n'avait aucun sens. Peu de temps après, mon lit fut équipé d'un matelas de gel. Je me retrouvai alors étendu sur un nuage. Durant les premiers jours que je passai au troisième étage, les gens qui s'étaient occupés de moi aux soins intermédiaires vinrent me voir régulièrement. Ils agissaient de la sorte pour faciliter mon adaptation à un nouvel environnement. La synergie qui existe entre les différents départements de l'Hôpital du Sacré-Cœur de Montréal est tout à fait remarquable. J'appréhendais surtout la nuit, parce que mon frère devait me quitter. Cependant, les membres du personnel étaient conscients des craintes qui m'animaient. Il y avait toujours quelqu'un pour s'assurer que j'allais bien. Ma porte demeurait grande ouverte, et je refusais que l'on éteigne la lumière de ma chambre. Mon sommeil était peuplé de cauchemars. Dans l'un de ces rêves épouvantables, l'hôpital brûlait. Je me dirigeais péniblement vers une fenêtre dans l'espoir d'échapper à l'incendie. Seulement, les barreaux soudés au châssis m'interdisaient toute possibilité d'évasion. Dans une autre scène, j'étais l'unique survivant d'un écrasement d'avion. Il y avait des flammes et de la fumée. Je tentais de m'extirper des débris de l'appareil en rampant au milieu des corps ensanglantés des passagers. Je m'éveillais en sursaut chaque fois que je m'apercevais qu'il n'y avait plus la moindre issue aux horribles situations que je vivais en songe. Ces cauchemars me laissaient saisi d'effroi. Quand j'ouvrais les yeux sur le plafond pâle de la pièce, j'avais du mal à comprendre où j'étais. Il me fallait de longues minutes pour régulariser ma respiration et mon rythme cardiaque. En plus, comme si ces rêves n'étaient pas suffisants, de vives frayeurs venaient me frapper même dans des moments où j'étais parfaitement éveillé. Il suffisait qu'un patient de l'étage se mette à hurler pour que mes souvenirs ressurgissent et que je me revoie enseveli au milieu des cris qui retentissaient dans les ruines du Montana. Quand j'étais seul, je me réfugiais dans la prière. Je remerciais Dieu de m'avoir laissé la vie sauve. Je tentais de définir les raisons qui justifiaient le miraculeux pro-longement de mon existence. Je pleurais beaucoup. Le lot d'émotions qui encombrait ma poitrine telle une masse de pierre ne s'amoindrissait pas. Les vagues de l'océan mettent du temps avant d'user les rochers. J'avais le sentiment que mes larmes devraient probablement faire de même avec la lourdeur amère qui m'habitait.

Lorsqu'elle était venue me voir, ma sœur s'était occupée de louer le téléviseur qui se trouvait dans ma chambre. Je ne voulais pas entendre parler d'Haïti. Étant donné que des images du séisme étaient diffusées sur de nombreuses chaînes, je préférais m'abstenir de regarder la télé. J'avais perdu mon baladeur numérique dans les décombres de l'hôtel. Caroline m'en avait acheté un autre. Le samedi 23 janvier, j'écoutais la radio sur cet appareil lorsqu'une nouvelle me frappa avec la virulence d'un coup de massue. La veille, dans le courant de la soirée, les secouristes avaient retrouvé la dépouille de mon collègue Serge Marcil. Depuis mon arrivée, je n'avais cessé de dire que Serge était mort. Malgré cette cer-titude, une petite flamme d'espérance brûlait toujours au plus profond de mon âme. Je fus chaviré en apprenant la confirmation de son décès. Quelque chose en moi céda. J'éclatai en sanglots.

Ce fut sans doute à cet instant que je réalisai toute l'ampleur du danger auquel j'avais été exposé. J'aurais pu être à la place de Serge. Il n'aurait suffi que de bien peu de choses. J'avais été le dernier de ses compatriotes à le voir en vie. Cette scène me revint en mémoire. Avant de recevoir cette atterrante information, les souvenirs de ce que j'avais vécu en Haïti m'apparaissaient à travers un voile imprécis qui me faisait percevoir la réalité un peu comme s'il s'était agi d'un mauvais rêve. J'avais peine à réaliser que tout cela m'était bel et bien arrivé. L'annonce du décès de mon collègue vint fortement dissiper les brumes de ma confusion. Il était mort. J'avais plusieurs fois affirmé qu'il n'aurait pas pu en être autrement. Car il me semblait illogique qu'un homme ait pu survivre après avoir été enseveli sous des tonnes de béton. Mes yeux brouillés de larmes se fixèrent sur mes mains. Je remuai les doigts. J'étais vivant. J'avais survécu à l'impossible.

Peu de temps après, j'appris le décès d'une seconde personne que je connaissais. Il s'agissait d'un homme d'origine vietnamienne qui se nommait Trân Triêu Quân. Cet ingénieur avait déjà été l'associé de l'un de mes oncles. Monsieur Quân était aussi un grand maître de taekwondo. Le professeur qui m'avait enseigné cet art martial m'avait souvent parlé de lui. Le malheureux se trouvait dans sa chambre située au-dessus de l'entrée principale du Montana lorsque le bâtiment s'est effondré.

20 — Mon existence

avait été une course débridée. Cette folle recherche de désirs jamais assouvis s'était amorcée dès l'adolescence. Depuis, je n'avais jamais vraiment pris le temps de m'arrêter. En Haïti, le destin s'était chargé d'appliquer violemment les freins. Qu'avais-je poursuivi, en vérité? À combien de précieux instants avais-je dû renoncer en m'engageant sur cette route? Mon livre favori est *Le Petit Prince* d'Antoine de Saint-Exupéry. Dans le chapitre vingt et un de cette œuvre splendide, le petit prince rencontre un renard qui le quitte en lui dévoilant son secret : «On ne voit bien qu'avec le cœur. L'essentiel est invisible pour les yeux.» Ce passage concerne l'amitié. L'essentiel se trouve en nous. Or, la plupart des individus que je fréquentais ne savaient absolument rien de moi. J'avais moi-même oublié qui j'étais. J'avais beaucoup travaillé pour devenir ingénieur. J'avais ensuite consacré la majorité de mon temps à ma carrière. Mais ce n'est pas tout de faire partie de l'élite, il faut également s'assurer que les gens le remarquent! Lorsque nous nous engageons dans cette escalade, chaque niveau que nous atteignons avec effort doit être associé à des symboles qui servent à témoigner de notre ascension. Nous nous hissons vers un sommet qui s'éloigne sans cesse de nous, et les symboles que nous accumulons en chemin finissent par peser lourd. Vient une étape où nous réalisons que cette montée ne nous mènera à rien, et où nous comprenons clairement que les gens n'admirent pas le grimpeur, mais plutôt le fardeau des trophées tape-à-l'œil qu'il porte sur ses épaules. J'avais pris conscience, depuis un certain temps déjà, de la risible futilité de cette progression. Seulement, je m'étais habitué aux visages admiratifs, aux regards envieux, aux marques de respect, souvent feintes mais flatteuses, dont me gratifiaient mes semblables. Le succès est parfois une drogue pernicieuse. Je percevais que cette manière de vivre allait à l'encontre de mes désirs véritables. Toutefois, je ne pouvais m'empêcher de persévérer dans cette voie. Je voulais toujours plus de matériel pour paraître encore mieux aux yeux des autres. J'avais consacré bien des énergies à m'entourer de choses et d'individus superficiels. De surcroît, dans ma volonté d'être aimé du monde entier, j'avais veillé à me montrer gentil en toutes circonstances. J'avais mille fois laissé pour compte mon amour-propre afin de plaire à des personnes qui ne le méritaient pas. Le temps était venu de penser à moi.

À l'hôpital, mon ego en prit pour son rhume. Ma masse musculaire, que j'avais développée avec un soin jaloux, avait fondu comme neige au soleil. Dans les premiers temps de mon hospitalisation, je déféquais dans un plat-bassin, et des étrangers venaient m'essuyer le derrière. Les préposés me lavaient. J'étais impuissant comme un nouveau-né. Les moments les plus humiliants que je vécus durant mon séjour survinrent lorsque je fus en mesure d'utiliser ma chaise d'aisance. Je me retrouvais alors nu et livré aux regards de tous ceux et celles qui passaient par là. Mon bassin fracturé rendait l'exercice fort douloureux. À l'une de ces occasions, je dus me soulager malgré la présence de cinq personnes dans la pièce. Cet épisode fut couronné par l'arrivée d'une préposée qui m'apportait mon repas. La chambre empestait. J'étais rouge de gêne. Je lui dis sur un ton rempli de colère que j'étais *en train de chier*. Sans se démonter, elle me répondit : « Ce n'est pas grave. Désirez-vous que je vous donne le plateau ? » Elle s'avança ensuite vers moi. Elle s'apprêtait à déposer le plateau-repas sur mes genoux quand elle lut dans mes yeux que l'idée ne m'enchantait pas. Dans cette chambre, j'étais dépouillé de tout artifice. J'étais un homme sans titres et sans possessions. Ma précarité d'être humain m'apparaissait clairement, et je commençai bientôt à dresser l'inventaire de mes véritables richesses. La vie s'inscrivit d'emblée en tête de cette liste. «On ne voit bien qu'avec le cœur. L'essentiel est invisible pour les yeux.» Je pouvais compter sur les doigts d'une seule main les rares personnes qui m'avaient toujours regardé avec leur cœur. Yves était de ce nombre. Nous discutions beaucoup, et il remarqua qu'un important changement s'opérait en moi. Il connaissait ma fierté, et il ressentait du chagrin de me voir à ce point désarmé. Pourtant, je n'ai jamais entrevu la plus petite étincelle de pitié dans son regard. Mon frère ne contemplait pas un être faible. Au contraire! Sa conviction était que, s'il existait sur terre quelqu'un d'assez fort pour surmonter un tel lot d'obstacles, j'étais cet individu-là.

Je participai malgré moi à la formation de quelques apprenties infirmières. Chacune de ces jeunes femmes venait accompagnée d'une soignante aguerrie qui surveillait attentivement chacun de ses gestes. Mon corps fut livré à la science! Ces demoiselles se chargeaient généralement des prises de sang. L'une d'entre elles transforma mon bras en pelote d'épingles en cherchant désespérément une veine. Sur un ton qui se voulait professionnel, ces étudiantes m'interrogeaient sur mon état. La question qui revenait le plus souvent était: «Sur une échelle de 1 à 10, où situeriez-vous votre douleur?» Je répondais immanquablement par un nombre qui s'inscrivait bien en deçà du degré que les apprenties avaient prévu. Bien entendu, j'avais mal, mais, en comparaison avec celle que je ressentais dans le confort de ma chambre d'hôpital, la douleur que j'avais éprouvée en Haïti avait atteint le niveau 150! Je dois admettre que le fait de servir de cobaye m'irritait.

Le lundi matin, je fus transporté au département de réadaptation. Diane, la physiothérapeute, me dit que, pour cette première séance, elle ne comptait pas me faire travailler plus de dix minutes. Elle me guida dans l'exécution de quelques exercices simples qui exigèrent néanmoins de ma part un travail intense. Je souffrais, et la sueur perlait sur mon front. Cependant, j'étais ravi. J'avais toujours été passionné par l'entraînement. L'atmosphère de cet endroit me rappelait vaguement celle du gymnase où j'étais inscrit. Avant de m'envoler vers Port-au-Prince, j'avais l'habitude de m'y entraîner cinq fois par semaine. En commençant ma réadaptation, je renouais avec ce plaisir. Je reprenais les brides de mon existence. La séance dura plus d'une heure. Diane me félicita chaleureusement. Quand je retrouvai ma chambre, j'étais épuisé. Mon sang faisait palpiter mes tempes. Je souriais de toutes mes dents, car je venais de recevoir une injection de pur bonheur.

Ma chambre grouillait de visiteurs lorsque la néphrologue Stéphanie Raymond-Carrier vint me rencontrer pour m'informer qu'elle prenait la relève du docteur Bichet. Ce dernier était appelé à d'autres tâches. Stéphanie, qui se montrait beaucoup plus réservée que son joyeux collègue, fut légèrement intimidée par le nombre de personnes qui m'entouraient. Les présentations furent brèves, mais elles marquèrent tout de même le début d'un extraordinaire travail d'équipe. Plus tard, enhardi par les exercices que j'avais accomplis dans la matinée, j'accueillis Caroline en lui disant que j'avais une surprise pour elle. Ma belle m'observa avec curiosité. De mon côté, je me sentais fébrile comme un adolescent sur le point d'échanger son premier baiser. Sans l'aide de personne, je glissai lentement mes pieds hors du lit. Par la force de mes avant-bras, je positionnai mon postérieur sur le rebord du matelas. Quelques membres du personnel se trouvaient dans ma chambre. Ils se gardèrent d'intervenir. J'agrippai les barres d'appui de mon déambulateur, et, au prix d'un immense effort, je me mis debout. Mes jambes étaient molles comme des morceaux d'étoffe. De peine et de misère, je progressai jusqu'à la porte. Je fis demi-tour en soufflant comme un bœuf. Ensuite, je franchis les quelques mètres qui me séparaient de mon point de départ. Mon exploit fut chaudement acclamé. Avant de quitter la pièce, les préposés m'aidèrent à réintégrer mon lit. Les yeux de Caroline roulaient dans l'eau. Elle me dit :

— Je suis tellement fière de toi, Marc !

Je me mis à pleurer. D'une voix étouffée, je murmurai :

— Moi, je ne suis pas fier, mon amour... Il y a quelques semaines, je courais...

21 — Martine, mon ex-belle-mère

fut très heureuse de me retrouver. Évidemment, c'était réciproque. Elle avait déjà tenté de me rendre visite, mais je venais tout juste d'être hospitalisé et je n'étais pas prêt à la recevoir. Yves l'avait donc poliment éconduite. Sa figure gardait encore des stigmates d'une vilaine chute qui s'était conclue par une fracture du nez. Elle s'était maladroitement infligé cette blessure en République dominicaine, deux jours après le désastre d'Haïti. Voici son histoire :

Le 12 janvier, après avoir quitté l'aéroport Toussaint Louverture, Martine Garneau et trois de ses camarades de mission s'engouffrèrent dans un taxi pour rejoindre le Wall's International Guest House, un chaleureux petit hôtel de Port-au-Prince. Contrairement à moi, Martine et ses compagnons n'avaient pas mangé à bord de l'avion. Ils avaient très faim, et, dès leur arrivée à l'hôtel, ils furent bien près de se laisser charmer par les appétissantes odeurs qui émanaient des cuisines. Heureusement, ils eurent l'inspiration de remettre leur repas à plus tard. Ils décidèrent plutôt de se réunir près de la piscine pour prendre l'apéro et s'accorder un moment de détente avant de passer à table. Si, après avoir déposé leurs bagages dans leur chambre, ils s'étaient retrouvés dans la salle à manger, aucun d'eux n'aurait survécu. Le petit groupe de travailleurs humanitaires qui accompagnaient mon ex-belle-mère était composé de Suzanne et de Camil Perron, un couple de Saint-Félicien, et d'un dénommé Jocelyn Roy qui n'en était pas à sa première mission en Haïti. Monsieur Perron se dirigea vers la salle à manger. Il revint deux minutes plus tard avec des bouteilles de bière. Il en offrit une à sa femme et une autre à Martine. Le trio s'installa sur le bord de la piscine pour discuter. Pendant ce temps, Jocelyn Roy conversait avec des amis haïtiens près de la porte conduisant aux cuisines.

Précédemment dans ce récit, je vous ai entretenu des mouches et de leur forte propension, bien involontaire, je le conçois, à s'associer aux événements funestes. Dans la série de pénibles moments que vécut Martine Garneau, cet après-midi-là, l'un de ces insectes joua un rôle crucial. Tandis que mon ex-belle-mère se rafraîchissait dans la piscine, une mouche tomba directement dans sa bière. Suzanne Perron demanda à son amie si elle voulait que son mari retourne à la salle à manger pour aller lui chercher une nouvelle consommation. Sans attendre de réponse, le sympathique Camil, en parfait gentleman, s'empressa d'acquiescer. Il saisit la bouteille de bière dans laquelle se débattait la mouche. Avant de faire volte-face pour regagner le bâtiment, il adressa un long regard à sa femme. Martine m'affirma qu'elle avait pu lire de la résignation dans les yeux de cet homme. On aurait dit qu'il savait qu'il voyait sa chère Suzanne pour la dernière fois. Camil Perron pénétra dans la salle à manger du Wall's International Guest House. Quelques instants plus tard, il mourait enseveli sous les décombres du petit hôtel.

Dans ma chambre du Montana, quelques instants seulement après le commencement du tremblement de terre, j'avais reçu un violent coup sur la tête. Lorsque je m'étais réveillé dans les ruines, tout était terminé. Martine Garneau, quant à elle, avait vécu chacune des éprouvantes secondes de la secousse. Elle m'assura que l'intensité du séisme était demeurée la même du début à la fin. La grand-mère de mes enfants était debout dans l'eau peu profonde quand le sol se mit à trembler. Secouée dans tous les sens, Martine tenta de s'agripper au rebord du grand bassin. Autour d'elle, l'eau s'agitait dans un tumulte de vagues dignes de l'océan. Si elle avait eu le malheur de s'aventurer dans la partie plus profonde de la piscine, elle se serait sûrement noyée. Rapidement, Suzanne Perron et deux Haïtiens vinrent lui porter secours. Les Antillais entraînèrent ensuite Martine et sa compagne vers un lieu plus sécuritaire. En raison des débris qui jonchaient le sol, ils risquèrent plusieurs fois de trébucher. Des fils électriques rompus ondulaient et sifflaient à leurs pieds comme des serpents menaçants. Le petit groupe atteignit la rue. Au même instant, les tremblements cessèrent. Martine fut alors témoin d'un spectacle épouvantable : des voitures tentaient de se frayer un chemin à travers une confusion inextricable. Les automobilistes klaxonnaient avec rage, comme si ces appels stridents et répétés avaient eu le pouvoir de changer quoi que ce soit au désordre qui dominait tout. Des enfants effarés couraient aveuglément en risquant de passer sous les roues des véhicules manœuvrés n'importe comment par des conducteurs ivres d'affolement. Un chien paniqué fut happé par un pare-chocs. La poussière, la fumée et les cris d'horreur emplissaient l'air. Des gens ensanglantés défilaient devant le regard ahuri de Martine. En tournant la tête, elle aperçut une paire de jambes immobiles et broyées qui émergeait d'un amas de pierres. Mon ex-belle-mère fut hypnotisée par la cohue cauchemardesque qui régnait dans la rue. Ses compagnons durent à plusieurs reprises l'empêcher de se faufiler dans cet enfer.

Soudainement, Suzanne Perron réalisa que son mari se trouvait dans la salle à manger lorsque le tremblement de terre s'était déchaîné. La malheureuse se rua vers ce qui restait du Wall's International Guest House. Martine voulut la retenir. Elle hurla à son amie de revenir, mais ses cris se perdirent dans la cacophonie ambiante. De la rue, mon ex-belle-mère pouvait voir que la partie du bâtiment où était entré Camil Perron s'était entièrement écroulée. Elle sut alors qu'il n'y avait plus d'espoir. Un peu plus tard, elle apprit que quatre personnes avaient été ensevelies sous les décombres de la salle à manger. Immobile et déchirée, Suzanne fixait les ruines lorsque Martine vint la retrouver. Frisnel, l'un des Haïtiens qui leur étaient venus en aide, les guida jusqu'au stationnement de l'hôtel. Frisnel était un employé de l'établissement. Jocelyn Roy les rejoignit peu de temps après. Ce soir-là, les trois membres restants de ce petit groupe œuvrant pour la Mission Corail-Haïti se couchèrent sur des matelas que leur avaient apportés des employés du Wall's International Guest House.

Le personnel du petit hôtel fit preuve d'un dévouement exceptionnel à l'endroit des gens qui étaient réunis sur le terrain du
Wall. Leur pays était brisé, mais ils s'efforçaient, au mépris des
circonstances, d'offrir le meilleur service possible à leur clientèle.
Le soleil se coucha, mais, bien entendu, Martine et ses compagnons
furent incapables de trouver le sommeil. De toute manière,
j'imagine que personne en Haïti ne put fermer l'œil durant cette
nuit aux allures de fin du monde. Martine fit de son mieux pour
réconforter la pauvre Suzanne. Ils écoutèrent la radio sur un petit
appareil fonctionnant à piles. Frisnel leur faisait la traduction
d'un bilan qui s'alourdissait d'heure en heure. Lorsque Martine
apprit que le Montana avait été détruit, elle s'inquiéta beaucoup
pour moi. Le ciel nocturne était magnifique. Les lumières de la
capitale haïtienne ne brillaient plus, et les étoiles en profitaient
pour scintiller de tous leurs feux. Mon ex-belle-mère me raconta
que vingt-cinq personnes se trouvaient dans ce campement rudi-
mentaire. Leur nuit fut bercée par les chants religieux des Haïtiens.
Ce détail me rappela mon séjour dans la tente-hôpital de l'ONU.
Tout comme moi, Martine fut profondément émue par ces chants
qui lui semblèrent surréels. Elle me confia qu'elle n'oublierait
jamais cette nuit-là.

Le lendemain, le directeur de l'hôtel conduisit Martine et
ses camarades à l'ambassade du Canada. Ils traversèrent la ville
dévastée, et ils purent alors constater toute l'ampleur des dégâts.
Beaucoup de cadavres gisaient en bordure de la chaussée. Aucun
édifice n'était resté intact. L'ambassade canadienne n'avait pas
été épargnée. Ceux qui s'y rendaient étaient invités à demeurer à
l'extérieur. Un large auvent les protégeait du soleil. Dès son arrivée,
Martine se renseigna à mon sujet. Personne n'avait entendu parler
de Marc Perreault. Dans le courant de l'après-midi, un Haïtien
s'approcha d'elle. Ce secouriste lui déclara qu'il m'avait rencontré
tandis que je me trouvais toujours à proximité des ruines du
Montana. Il dit à mon ex-belle-mère que j'avais passé la nuit
sous les décombres et que j'étais sérieusement blessé. Il ajouta

toutefois que j'étais maintenant entre de bonnes mains et que j'allais survivre. Martine se mit à pleurer. L'homme lui confia mon petit appareil photo numérique brisé qu'il avait récupéré on ne sait comment. La grand-mère de mes petits blonds ignore de quelle façon cet individu a pu se rendre jusqu'à elle pour lui livrer ces précieuses informations. Il y avait foule sur le terrain de l'ambassade. L'endroit était semblable à une fourmilière affolée. Bien sûr, Martine avait mentionné mon nom à des gens, mais elle prétend que, compte tenu de l'agitation, il était presque impossible que le secouriste sache précisément où elle était, qui elle était et ce qu'elle cherchait. Encore aujourd'hui, cette rencontre demeure pour elle un mystère.

Durant la soirée, Martine Garneau s'envola pour la République dominicaine à bord d'un avion militaire. Le lendemain, elle se fractura le nez sur un bloc de béton en tombant. Le 14 janvier, aux alentours de 23 h, elle arriva au Québec en compagnie d'un groupe de rescapés. Elle retourna en Haïti le 9 février pour retrouver Corail, un modeste village qu'elle affectionne et qu'elle a aidé à reconstruire. Récemment, elle m'a écrit qu'une poule s'était effrontément introduite dans le bureau du directeur de leur petite école ! Je trouve ça bien sympathique, moi, un village où les poules vont à l'école !

22 — Je gardais une partie de l'hôtel Montana

en moi. Il ne s'agit pas d'une mauvaise métaphore. Un éclat de béton avait véritablement pénétré dans la chair de mon front. La néphrologue Stéphanie Raymond-Carrier s'occupa de le retirer. L'intervention ne causa aucun saignement ; le tissu cicatriciel avait déjà commencé à cerner l'intrus. Il n'y avait pas de trace d'infection. Moins de deux semaines après le tremblement de terre, la blessure était presque guérie. Stéphanie me dit que je possédais des caractéristiques génétiques extraordinaires — elles me disent toutes ça ! — et elle me donna aussitôt le sobriquet de Wolverine, le super héros griffu de la série *X-Men,* dont l'un des principaux pouvoirs est l'autoguérison. La médecin me demanda si je voulais conserver ce caillou. Je lui répondis par la négative, et le fragment se retrouva dans une poubelle. Je me demande si la fée des dents m'aurait donné quelques sous si j'avais glissé cet éclat sous mon oreiller...

Le mercredi, je racontai mon histoire à Stéphanie, qui l'écouta avec une grande attention. La néphrologue m'avoua plus tard qu'elle avait été habitée par mon récit. Quand j'étais petit, je rêvais de devenir médecin. Et, si j'étais devenu médecin, c'est à Stéphanie Raymond-Carrier que j'aurais voulu ressembler. Elle possède ce talent particulier qui donne à ses patients l'impression tangible d'être quelqu'un d'unique et d'important. Avec elle, je n'étais pas un cas parmi tant d'autres. J'étais d'abord et avant tout un être humain. Bien entendu, la profession de médecin exige un certain détachement de la part de ceux qui la pratiquent ; quand un docteur prend l'habitude de tisser des liens affectifs avec ses patients, il risque rapidement de s'effondrer sous le poids de trop de deuils. Stéphanie se garde de franchir la mince ligne qui sépare l'empathie de l'affection. Toutefois, son exceptionnelle capacité de se mettre à la place de ceux qu'elle traite fait en sorte de les rassurer. Je sentais qu'elle comprenait mes craintes, qu'elle jaugeait ma douleur, qu'elle se souciait aussi de me préparer à affronter des angoisses que je n'entrevoyais pas encore. Ce qui importait pour elle, c'était que je retrouve mes habiletés d'avant. Il était indéniable pour les spécialistes de l'hôpital que mon corps ne garderait aucune séquelle sérieuse de ses blessures. Mais il était également clair que mon esprit serait moins prompt à se remettre des traumatismes qu'il avait subis. J'avais peur de l'obscurité et des endroits clos. Ma mémoire était défaillante, et j'avais beaucoup de mal à me concentrer. Les deux premiers problèmes étaient incommodants, mais il était permis de croire que, jusqu'au jour où j'arriverais enfin à les surmonter, ils n'auraient pas d'incidences désastreuses sur mon quotidien. En ce qui concernait ma concentration et ma mémoire, c'était différent. Le métier d'ingénieur fait grandement appel à ces deux facultés. Mon cerveau constitue mon principal outil de travail. Avant d'être terrassé par le tremblement de terre haïtien, j'étais habitué à procéder à de savants calculs. Je mémorisais des lois et des normes. J'évaluais des devis et je rédigeais des soumissions en un temps record. Je participais aussi à l'élaboration et à la mise en chantier de projets complexes. Deux semaines plus tard, je n'arrivais même plus à me concentrer suffisamment pour déchiffrer et assimiler le contenu d'articles de journaux. Stéphanie était consciente de cette réalité. Les troubles cérébraux échappaient à sa spécialité, mais elle veilla scrupuleusement à ce que je sois orienté vers les meilleurs intervenants.

La nourriture que l'on sert aux malades dans les hôpitaux est infecte. L'Hôpital du Sacré-Cœur de Montréal ne se soustrait pas à cette règle. Ce n'est pas pour m'en plaindre que je vous fais part de cette évidence. Seulement, puisque les repas offerts à la cafétéria étaient généralement appétissants et savoureux, je cherche toujours à savoir pourquoi le contenu des plateaux-repas que l'on m'apportait n'avait rien d'alléchant. Si l'on sert ce genre de pitance dans les prisons, il ne faut pas s'étonner qu'il y ait autant d'évasions! Comment fait-on pour donner à tous les légumes sans exception l'apparence, la texture et le goût d'une gomme à effacer? Comment peut-on transformer une honnête boulette de viande hachée en un tas de particules charbonneuses qui vous donnent la sensation d'avaler de la litière pour chats? J'ai mâché des morceaux de dinde tellement secs et coriaces qu'ils semblaient provenir d'un arbre plutôt que d'une volaille! Les diététiciens qui élaborent ces menus sont des alchimistes! Je réalise que le gras et les épices ne sont pas à conseiller pour bien des malades, mais il y a tout de même une différence entre une tranche de steak bien cuite et une semelle de sandale! Selon moi, ce régime insipide a été savamment mis au point. Après tout, un hôpital n'est pas un hôtel. Si tout y était parfait, certains bénéficiaires auraient envie d'y demeurer plus longtemps. Heureusement, dès que mon organisme fut capable de tolérer un repas convenable, quelques-uns de mes amis commencèrent à me ravitailler en délicieux petits plats cuisinés.

Mes enfants revinrent me visiter. Avant leur arrivée, une préposée m'aida à revêtir un t-shirt et un pantalon de pyjama. Nos premières retrouvailles avaient été éprouvantes pour mes amours. Je voulais à tout prix qu'ils remarquent que, depuis cette triste rencontre, ma condition s'était sensiblement améliorée. Vous conviendrez que la jaquette d'hôpital n'est pas la tenue la plus appropriée pour avoir l'air en forme. Les vêtements que j'enfilai étaient légers et amples. L'expérience fut néanmoins très douloureuse. On aurait dit que j'étais prisonnier d'un corset rigide et extrêmement serré. Mon visage était tout de même joyeux. Roxanne, Anthony et Maxime furent plus loquaces. J'évitai de leur parler d'Haïti. Je leur assurai que je rentrerais vite à la maison. Je possède une photo de cet après-midi-là. Je suis étendu, et mes petits blonds sont réunis à la droite de mon lit. Nos sourires rayonnent de la certitude de jours meilleurs.

Grâce à la physiothérapie, je fis d'étonnants progrès. Je commençai à utiliser plus fréquemment mon déambulateur. Au début, il m'est arrivé de surestimer mes forces. Je me souviens de m'être aventuré un peu trop loin dans le couloir. Lorsque je réalisai mon erreur, je n'avais plus assez d'énergie pour faire demi-tour. Une gentille préposée vint à mon secours. Je m'amusai beaucoup avec Diane, ma physiothérapeute. C'est elle qui m'apprit que la rumeur courait dans l'hôpital que j'étais un membre des Hells Angels. Un jour, tandis que j'attendais l'heure de ma séance quotidienne de réadaptation, je me retrouvai en compagnie d'une dame qui se plaignait beaucoup. Elle ne semblait pas trop mal en point, mais, à l'entendre, elle avait très mal. La liste de ses malaises était impressionnante. Elle n'avait pas eu d'accident, ou, du moins, rien de trop grave. De son propre aveu, je sus qu'elle n'avait pas non plus de maladie sérieuse. Pourtant, elle souffrait comme si elle avait été heurtée par un camion. Je pus toutefois constater que ses mâchoires fonctionnaient très bien. Ses paroles donnaient à penser que chaque partie de son corps était foutue. En plus, cette pauvre femme était condamnée à se soumettre aux tortures de Diane, la diabolique physiothérapeute ! Les médecins sont des gens si cruels ! J'écoutai ses jérémiades sans dire un seul mot. Après m'avoir exposé chacun des symptômes qui lui pourrissaient l'existence, elle me lança un regard de défi ; puis, elle me demanda :

— Et vous ? Que vous est-il arrivé ?

Je répondis :

— J'étais en Haïti durant le tremblement de terre. J'ai reçu un hôtel sur le crâne.

La dame m'observa avec dédain. Étant donné qu'elle aurait sans doute bien du mal à me convaincre que mes maux étaient moins graves que les siens, elle préféra se taire... à moins qu'un mal virulent ait choisi précisément ce moment pour immobiliser les muscles de ses mâchoires...

23 — Les jours s'écoulaient.

Malgré la morphine, la douleur était vive, mais j'avais fini par l'apprivoiser. Je souffrais de plaies de lit. Les médicaments me donnaient la nausée, et je vomissais fréquemment. Toutefois, je sentais mes forces revenir. Je me déplaçais de mieux en mieux à l'aide de mon déambulateur. J'allais visiter les autres bénéficiaires et je les encourageais. Un soir, je m'affublai d'un nez de clown et je parcourus l'étage pour faire rire les malades. Ma pénible mésaventure m'avait privé d'une foule de choses. Cependant, j'avais pu conserver mon talent de communicateur. Les gens appréciaient ma présence. J'écoutais beaucoup de musique sur mon baladeur numérique. Mon morceau favori était celui du chanteur Corneille : *Parce qu'on vient de loin*. Je m'identifiais à cette pièce. Le texte concordait en tout point avec la nouvelle philosophie de vie qui m'habitait. J'invitais mes amis à y prêter attention. Tous les sentiments que je cherchais à exprimer se retrouvaient réunis dans les paroles de cette chanson.

Yves fit preuve d'une patience phénoménale. Il passait environ douze heures par jour à mes côtés. Sa carrière d'artiste ne lui imposait pas d'horaire strict. Il m'assurait qu'il était là parce qu'il y tenait, et que, s'il avait été à ma place, j'aurais certainement fait la même chose pour lui. Il avait raison sur ce point : je ne l'aurais pas laissé tomber. N'empêche que, même si je n'avais jamais douté de son amour, je fus très touché d'assister à la démonstration inconditionnelle de ce sentiment. Yves préparait une exposition lorsque le séisme haïtien a fait éclater la bulle de création dans laquelle il s'était réfugié. Tous les artistes véritables connaissent cet endroit où l'on oublie le monde durant de longues périodes pour aller le refaire à notre façon. Mon frère avait dû renoncer à ce lieu pour s'occuper de moi. Il avait abandonné son atelier, ses pinceaux et ses tubes de peinture pour passer des journées entières dans l'atmosphère morose d'un hôpital. Les mots seraient insuffisants pour lui exprimer ma gratitude. Aujourd'hui, je vais bien. Je mords dans la vie et je ris de bon cœur. Je sais que pour Yves, mon retour à la santé constitue la plus précieuse des récompenses.

Je me retrouvais rarement seul. Je tiens à remercier du fond du cœur chacune des personnes qui sont venues me visiter à l'hôpital. S'il me fallait rédiger la liste de tous leurs noms, ce livre contiendrait plusieurs pages supplémentaires. Nul doute que l'énergie que ces gens m'ont insufflée m'a aidé à réintégrer plus rapidement mon domicile. J'étais bien entouré. Évidemment, j'étais parfois seul, mais, tant qu'il y avait de l'activité dans les couloirs, je me sentais en confiance. Il m'arrivait même de savourer ces moments de solitude. J'en profitais pour me recueillir. Quand Yves devait partir, mes angoisses revenaient. Je craignais toujours de renouer avec la nuit. J'acceptais enfin que la lumière soit éteinte, mais ma porte, elle, devait rester grande ouverte. Les cauchemars qui me replongeaient dans des situations similaires à celle que j'avais vécue hantaient mon sommeil. Par bonheur, Miguel, un préposé, ainsi que Chantal et Marlène, des infirmières, se relayèrent pour me prémunir contre le vide oppressant des heures nocturnes. Anik Demers, ma belle-sœur, publia presque quotidiennement des nouvelles de moi sur Internet. La page Web qu'elle avait conçue permit aussi aux gens de m'envoyer des courriels d'encouragement. Chaque matin, mon frère me lisait ces missives qu'il imprimait avant de quitter la maison. J'avais aussi pris soin de donner mon adresse de courrier électronique aux Équatoriens qui m'avaient extirpé des décombres. Ils communiquèrent avec moi à quelques reprises. Bien sûr, les messages que ces braves hommes me firent parvenir étaient écrits en espagnol. Puisqu'il s'agissait de la langue maternelle de Miguel, ce dernier me proposa d'en traduire quelques-uns. Il renonça à plusieurs de ses pauses-café pour me faire la lecture. D'autres messages en espagnol furent traduits par Carlos et Marleny, un couple de copains.

Je passai une troisième semaine à l'hôpital du Sacré-Cœur. Mon ami François m'avait offert un petit enregistreur numérique. La volonté de publier le récit de ma terrible expérience m'était venue quelques minutes après ma sortie des ruines du Montana, alors que je fixais le majestueux palmier qui se balançait sous le ciel bleu. J'avais parlé à François de cette idée. À mon retour à Montréal, je refusai d'accorder des entrevues aux représentants des médias qui communiquèrent avec moi. Si je devais un jour raconter mon histoire, je tenais à bien le faire. Je ne suis pas un écrivain. En outre, je n'ignorais pas qu'il me faudrait encore patienter plusieurs mois avant de recouvrer suffisamment de concentration pour espérer mener à bien un projet comme celui-là. Mon frère me dit qu'il allait en discuter avec Guy, l'un de nos amis communs, qui est à la fois poète et éditeur. Guy trouva l'idée excellente, mais, puisqu'un livre de ce genre ne correspond guère avec le type d'ouvrages qu'il a l'habitude d'écrire et de publier, il nous orienta plus tard vers les Éditions des Intouchables. De toute manière, je n'avais pas besoin d'un plan précis pour procéder à l'enregistrement de mes mémoires. Tous les tourments que j'avais endurés en Haïti étaient encore très présents dans mon esprit. En me livrant le plus rapidement possible à ce témoignage, je risquais moins d'omettre de précieux détails. Je réécoute parfois ces documents sonores. J'étais drogué. Ma voix était faible. Mon élocution était lente et pâteuse. Cette longue confession est ponctuée de moments d'hésitation, de silences et de répétitions. Néanmoins, elle rend parfaitement justice au mélange de peur, de souffrance et de chagrin que je ressentais durant cette difficile période.

Il m'arrivait souvent de me montrer impatient. On m'avait expliqué que ces sautes d'humeur étaient causées par le léger traumatisme crânien que j'avais subi. Caroline m'épaulait avec tendresse et indulgence. Un soir, je fus pris de la soudaine envie d'aller visiter la pouponnière de l'hôpital. S'il existe un endroit où le miracle de la vie prend tout son sens, c'est bien celui-là. Un enfant qui naît est bouleversant de fragilité. Il est aussi porteur de millions de promesses. Je souhaitais contempler ces petits êtres qui ne savaient encore rien du monde où ils venaient d'échouer. Je m'installai dans un fauteuil roulant propulsé par Caro. Il n'y avait qu'un nouveau-né dans la pouponnière. Je fus un peu déçu. L'enfant se trouvait dans un incubateur. Son corps minuscule était relié par des fils à des appareils. Pour lui, le voyage commençait plutôt mal. J'entendais des bébés pleurer dans le département, mais ils étaient avec leur maman dans l'intimité de chambres closes. Notre escapade fut de courte durée. Je dus prendre deux fois l'ascenseur. Pour moi, cette machine revêtait toujours des allures de piège mortel. Caroline tenta de me calmer. Je fis tout ce que je pus afin de régulariser ma respiration et les battements endiablés de mon cœur, mais ce fut inutile. Mon handicap me contraignait à utiliser cette terrifiante boîte. Je m'y enfermai parce que je n'avais pas d'autre choix. Quand je regagnai enfin ma chambre, j'étais en nage et je tremblais de tous mes membres.

Un après-midi, Yves me dit que je devrais bientôt accepter de rentrer à la maison. Il m'assura qu'il entendait rester chez moi tant et aussi longtemps que j'en éprouverais le besoin. La perspective de quitter l'hôpital m'épouvantait. Je ressentais dans chaque parcelle de mon corps que j'étais incapable d'accomplir un tel pas de géant. J'avais besoin de tout ce personnel médical qui veillait sur moi jour et nuit. J'étais en sécurité ! Lorsque je me retrouvais seul, et que la peur ou la douleur me tourmentaient, je n'avais qu'à appuyer sur le bouton de la sonnette qui me reliait aux intervenants de l'étage. Quelqu'un venait aussitôt. De prime abord, je fus très ébranlé par la suggestion de mon frère. Je dus réfléchir longuement avant d'admettre qu'il était temps pour moi de renouer avec le décor de mon quotidien. Les membres de l'équipe médicale qui m'encadrait m'amenèrent à comprendre la nécessité de cette rupture.

24 — Mon frère

m'entraîna au deuxième étage. Il me montra la chambre où je m'étais retrouvé deux semaines auparavant. Je n'avais que de vagues souvenirs de cet endroit qui faisait penser à un aquarium. Un homme très mal en point gisait dans le lit que j'avais occupé. Il était branché sur divers appareils que des médecins consultaient d'un air grave. L'état de ce malade me bouleversa. Il semblait mourant. Yves m'affirma que je ressemblais à ce malheureux lorsque l'on m'avait transféré des urgences aux soins intermédiaires. Il me fit ensuite remarquer qu'aucune des chambres du département n'était libre, et que certains de ces bénéficiaires auraient bientôt besoin d'un lit au troisième étage. Puisque j'allais nettement mieux et que je progressais, il importait que je cède ma place à ceux et à celles pour qui une chambre était essentielle. Je refusai encore d'admettre l'évidence. Le lendemain, je rencontrai la docteure Desjardins, une psychiatre extrêmement attentive et compétente, qui fouilla mon âme pour débusquer et abattre mes ultimes réticences. Je pleurai beaucoup durant ce long entretien qui fut des plus bénéfiques. Lorsque la docteure Desjardins mit un terme à cette séance, j'étais libéré d'un poids énorme. Le mercredi, quand Stéphanie Raymond-Carrier vint m'annoncer de sa voix apaisante que, selon elle, j'étais en mesure de rentrer à la maison, je m'étais déjà fait à cette idée. Je lui répondis que j'étais d'accord pour quitter l'hôpital. Mes enfants me manquaient beaucoup. Le désir de me rapprocher d'eux était venu me conforter dans ce choix. Ma réadaptation était sur la bonne voie. Diane, ma physiothérapeute, avait accompli des merveilles. Christine, en ergothérapie, m'avait soigneusement préparé à réintégrer mon milieu. Mon départ eut lieu le vendredi 5 février vers la fin de l'après-midi. Ma fébrilité était comparable à celle d'un enfant que sa mère abandonne pour la première fois sous le porche de l'école. La joie et la tristesse se partageaient mon esprit. La hâte de partir et le désir de faire volte-face se mélangeaient en moi pour m'emplir d'une émotion étrange et changeante comme les reflets du soleil sur des eaux frémissantes.

Pour mon frère, mon retour à la maison constitue l'une des séquences les plus marquantes de cette histoire. Avec précaution, Yves m'aida à me caler dans le siège passager de mon monstrueux véhicule à quatre roues motrices. J'eus la nausée pendant toute la durée du trajet que nous dûmes parcourir pour gagner Sainte-Julie. Je disposais d'un sac destiné à prévenir les dégâts. Yves décida d'emprunter l'autoroute Métropolitaine, cet horrible assemblage de béton qui traverse l'île de Montréal d'est en ouest et qui la défigure, telle une vilaine cicatrice. Même si la construction de cet ouvrage a fait appel à d'indéniables prouesses techniques, il demeurera toujours difficile, même pour un mordu d'ingénierie, d'y déceler une quelconque trace de beauté. Pourtant, j'étais pantois d'émerveillement ! Le soir tombait, et je m'extasiai devant la splendeur des immeubles illuminés ! J'étais à Disneyland ! Je m'exclamai d'admiration à la vue d'un entrepôt de pièces de voitures s'élevant en bordure de l'autoroute 20 ! Je percevais chaque détail du monde qui défilait devant mon regard avec un enthousiasme démesuré. Mes yeux me semblaient trop petits pour le flot d'images qui les assaillaient. Mon frère épiait mes réactions en souriant.

Je fus extrêmement ému de retrouver mon domicile. Le guerrier énergique et rempli d'audace qui avait quitté cette maison y revenait, affaibli et brisé, après avoir été forcé de livrer une terrible bataille. J'observai les pierres, les fenêtres et les ornements de la façade avec incrédulité. Dans les décombres de l'hôtel Montana, quelque chose en moi m'avait murmuré que je ne reverrais jamais ce lieu. En franchissant le seuil, je me mis à pleurer en silence. C'était ma tanière, avec son décor, ses odeurs et son éclairage étudié. Tout dans cet environnement m'était familier. Malgré tout, je ressentis un curieux sentiment de détachement à l'égard de ces choses que je redécouvrais et que j'avais déjà considérées comme étant mes possessions. L'illusion s'était dissipée. J'avais eu la preuve tangible que l'on ne possède rien. Caroline m'accueillit. Ma belle était d'abord passée à la pharmacie pour prendre mes médicaments. De plus, elle s'était occupée de commander le repas. Mon amie Brigitte était là, elle aussi. Elle s'était chargée de me procurer un déambulateur et une canne. Yves m'expliqua que mon ami Raymond avait pris l'initiative de fabriquer une rampe d'accès et un garde-corps dans le petit escalier de l'étage qui se trouvait entre ma chambre et la salle de bain. Quant à l'escalier principal, mon frère n'eut heureusement pas à me transporter dans ses bras pour que je puisse le franchir. Durant les premières semaines, je dus m'appuyer sur lui, ou sur Caroline, pour surmonter cet obstacle. Mais je contribuais aux efforts de mes complices en appuyant la majeure partie de mon poids sur ma canne. Lorsque j'atteignais l'étage, je me servais de mon déambulateur. Avant mon départ de l'hôpital, nous avions songé à installer mon lit au rez-de-chaussée. Toutefois, puisque, tôt ou tard, je devrais me résoudre à dormir seul, il était préférable que je commence tout de suite à m'y habituer. Comme il fallait s'y attendre, les premières nuits que je passai chez moi furent difficiles. Je ne m'endormais qu'à l'aube. Mon frère gardait son téléphone cellulaire à portée de la main. Dès que j'en éprouvais le besoin, je l'appelais. Il venait sans délai dès que sa présence m'était nécessaire. Quelquefois, il demeurait en bas, mais nous engagions de longues conversations qui chassaient mes angoisses.

Le lendemain de mon retour à la maison, mes enfants me rendirent visite. À l'évidence, le fait de me voir évoluer au sein de ce décor qu'ils connaissaient bien les rassura. Je me déplaçais toujours péniblement à l'aide d'un déambulateur, mais je reprenais les rênes de ma vie. Leur quotidien avait été mis sens dessus dessous. Ma présence entre ces murs venait remettre un peu d'ordre dans tout cela. Certes, ils n'étaient pas encore prêts à me dévoiler les sentiments qui occupaient leurs pensées. Les questions qui leur venaient aux lèvres s'étranglaient dans des gloussements nerveux. La seule évocation du tremblement de terre faisait naître des larmes dans leurs yeux. Ce jour-là, ils parlèrent peu, mais ils m'observèrent beaucoup.

Durant cette fin de semaine, j'eus du mal à m'accommoder au vide qui m'entourait. À ma sortie de l'hôpital, mis à part une prescription de médicaments, je n'avais reçu que quelques conseils. Je ne pouvais plus compter sur les spécialistes qui m'avaient prodigué des soins. Si je désirais progresser à un rythme satisfaisant, je devrais moi-même trouver des intervenants qui m'aideraient à mettre sur pied un programme de réadaptation. Mon corps et mon esprit étaient à mille lieues d'être rétablis. Je me sentais abandonné. Le chemin qu'il me restait à parcourir avait de quoi donner le vertige. Je me remis tout de même à la tâche en reprenant les exercices que j'avais pratiqués en physiothérapie. Le lundi, je commençai à recevoir des visites régulières. Des amis vinrent partager quelques-uns de mes repas. La vie reprenait lentement son cours.

25 — L'émerveillement

qui s'était emparé de moi à ma sortie de l'hôpital ne m'avait pas quitté. Je redécouvrais le monde. Des scènes que j'avais déjà trouvées très banales me captivaient. Par la fenêtre, j'observais les promeneurs qui arpentaient le trottoir d'un air insouciant. Avaient-ils conscience de la beauté de la terre qu'ils foulaient ? Pourtant, le paysage qui m'émouvait de la sorte était morose. Les arbres rabougris, sombres et dépouillés qui jalonnaient les terrains de mon quartier de banlieue étaient encore pétrifiés par l'hiver. Le ciel était gris, et des trouées de gazon ternes apparaissaient entre des lambeaux de neige sale. Le tableau était déprimant. Malgré tout, j'en aurais fait une carte postale ! Une foule de choses attiraient mon attention. Toutefois, la plupart des luxueux symboles de ma vie d'avant ne m'intéressaient plus. Dans le mois qui suivit, je mis en vente ma motocyclette, mon bateau, mon véhicule utilitaire et ma maison. J'appris que certains de mes voisins murmuraient que ma mésaventure m'avait ruiné. Je m'en moquais éperdument. Si j'avais pu leur prêter mes yeux un instant, ils auraient compris. Par la suite, ils m'auraient sans doute imité. Je ne souhaite à personne de vivre l'expérience qui m'a fait réaliser que ce matériel n'avait servi qu'à satisfaire mon ego. Rien de tout ce que je possédais n'aurait pu améliorer la situation dans laquelle je m'étais retrouvé sous les décombres de l'hôtel Montana. À l'intérieur de ce tombeau, c'était en pensant aux gens qui m'étaient chers que j'avais trouvé la force de m'accrocher à la vie. J'avais aussi découvert à quel point j'aimais la personne que j'étais au plus profond de moi. J'aurais certainement préféré que ces révélations sur la futilité de ce qui régissait mon existence depuis trop d'années me soient venues autrement.

Mais, en dépit des tourments qu'elle m'aura fait vivre, je me sens privilégié d'avoir traversé cette série d'épreuves qui m'a rendu bien plus fort, bien plus beau et bien plus riche que je n'aurais jamais espéré le devenir.

Un soir, je discutais avec Yves lorsqu'on sonna à ma porte. Mon frère alla ouvrir. Marie-Chantal Toupin fit alors son entrée dans ma maison ! N'allez surtout pas croire que j'avais abusé de la morphine ! Elle était vraiment devant moi ! Son imprésario l'accompagnait. La belle et talentueuse chanteuse connaissait l'un de mes amis. Ce dernier lui avait raconté mon histoire, qui l'avait vivement émue. Il lui avait ensuite donné mon adresse, et elle était venue me rencontrer pour m'inviter au spectacle qu'elle donnait ce soir-là. Sans réfléchir, je me redressai, fin prêt à bondir dans mon véhicule ! Mon frère intervint pour calmer mes ardeurs. Je n'étais pas en état d'assister à un tel événement. Je dus donc y renoncer. J'appris plus tard que Marie-Chantal avait parlé de moi devant son auditoire. Elle m'avait aussi dédié une chanson.

Un mois s'écoula avant que je sois en mesure d'effectuer ma première sortie en public. En Haïti, j'avais perdu mon permis de conduire ainsi que ma carte d'assurance-maladie. Or, je devais me rendre au bureau de la Société de l'assurance automobile du Québec afin de renouveler ces importants documents. Yves me conduisit à une succursale de la SAAQ qui était située dans un centre commercial. Il me déposa devant l'entrée principale, puis il m'ouvrit la porte avant de se lancer à la recherche d'un endroit suffisamment large pour stationner mon paquebot sur quatre roues. Si vous désirez un jour mesurer votre degré d'humilité, il vous suffira d'entreprendre une balade en marchette au cœur d'un lieu achalandé. Un déambulateur attire l'attention. Il est pratiquement impossible de ne pas faire de bruit en l'utilisant sur une surface dure. En progressant vers mon but, je croisai des regards qui se détournaient aussitôt. Quelques personnes m'adressèrent des sourires désolés, presque repentants, un peu comme s'ils se sentaient responsables de ma condition. Je ne me sentis pas humilié. L'expérience ne fut éprouvante qu'en raison de l'effort soutenu qu'elle me demanda. Du reste, j'étais plutôt fier de me débrouiller seul comme un grand garçon !

Je poursuivais mes exercices en y ajoutant chaque jour de nouveaux mouvements. Les résultats de mon entraînement personnel étaient convaincants. Les éclats de rires de mes enfants venaient fréquemment égayer la maison. J'avais été ébranlé jusque dans mes racines les mieux enfouies, mais j'avais l'intention de revenir plus fort que jamais. Je revoyais l'image d'un arbre immense et centenaire qui, après le séisme, se dressait fièrement dans la cour du Montana. Sous son feuillage abondant et poussiéreux, tout avait été détruit. Son tronc large était pourtant resté bien droit. Je m'inspirais de cet arbre.

Mon téléphone sonnait sans arrêt. J'accueillais beaucoup de visiteurs. Quand je mettais le nez dehors pour prendre l'air, il arrivait souvent qu'un curieux s'approche. Certains des passants qui m'abordèrent ainsi me considéraient carrément comme un héros ! Ils me touchaient avec fébrilité comme si ce contact pouvait soit les foudroyer, soit les gratifier d'un quelconque pouvoir magique ! On m'interrogeait sur mon séjour dans les décombres, et je répondais patiemment. Des étrangers me racontaient leur vie, et je tâchais de les écouter sans sourciller. J'eus surtout un succès fou auprès de la gent féminine ! De pures inconnues me prirent dans leurs bras en me serrant avec une douceur un peu trop marquée pour être confondue avec de la compassion. J'eus également quelques propositions explicites qui me laissèrent bouche bée. Cette popularité soudaine était bien inoffensive, mais elle finit par m'agacer. D'autant que cette «passion du survivant» me poursuivit plus tard jusque dans les restaurants et les commerces des alentours. Vint un temps où j'en eus assez de faire le récit de ma mésaventure. J'avais besoin de me recueillir afin de mettre de l'ordre dans mes pensées. Pour vraiment en saisir tout le sens, il m'importait d'observer ce terrifiant événement avec l'œil d'un spectateur. J'ai l'impression que ce livre contribuera grandement à me détacher de tout cela. En fait, c'est comme une sorte de thérapie. Et puis, à l'avenir, lorsque quelqu'un me demandera : «Quel effet ça fait d'être enterré vivant sous des tonnes de débris ?», je lui proposerai poliment d'acheter mon bouquin.

À la mi-mars, j'avais relégué mon déambulateur aux oubliettes. La canne m'allait tellement mieux ! Une infirmière de liaison de l'Hôpital du Sacré-Cœur de Montréal m'aida à faire le lien avec le Centre montérégien de réadaptation (CMR). Cet établissement pouvait m'offrir un programme approprié à ma condition. J'obtins un rendez-vous avec une neuropsychologue qui vint me rencontrer plusieurs fois à la maison. Cette intervenante très dynamique arrivait presque toujours en retard. Elle me priait d'accepter ses excuses en ajoutant qu'elle était débordée. Après chacune de nos rencontres, elle me quittait en catastrophe pour poursuivre sa course effrénée. Cette femme était très compétente, mais elle avait visiblement de la difficulté à soutenir le rythme que ses choix de vie lui avaient imposé. Un jour, je lui demandai d'une voix douce si je pouvais l'interrompre. Elle acquiesça pour m'observer avec curiosité. Je lui dis qu'elle me faisait penser à la personne que j'avais été avant que les événements me forcent à m'arrêter. Moi aussi, j'en étais venu à survoler la vie comme elle le faisait. Je fonçais droit devant moi à toute vitesse pour répondre à des exigences sans véritable valeur qui avaient fini par ensevelir mon âme autant, sinon davantage, que les décombres du Montana avaient enseveli mon corps. Je lui parlai de l'importance de savourer chaque instant et de penser à soi. Je parvins à provoquer une petite lueur indéfinissable dans son regard fuyant. Elle me répondit en hochant la tête, mais je n'eus pas l'impression que mes mots l'avaient atteinte. Je ne pourrais affirmer que mes paroles aient eu quoi que ce soit à voir avec ces circonstances ; toujours est-il que dans les semaines qui suivirent, cette femme obtint un congé de maladie.

26 — Le printemps arriva,

ce qui ne fit rien, bien au contraire, pour affaiblir la fascination que les images du monde exerçaient sur moi. Avez-vous déjà été ému aux larmes en observant un vulgaire moineau perché sur une clôture ? Vous est-il déjà arrivé de ressentir une grande paix intérieure à la simple vue d'un bac de recyclage posé négligemment sur un trottoir ensoleillé ? Je me moquais parfois de l'étrangeté de mes perceptions en me disant qu'il faudrait peut-être que ma médication soit ajustée ! À vrai dire, je n'appréciais pas forcément les choses pour leur aspect esthétique. Ce qui m'impressionnait, c'était surtout la présence concrète des êtres et des objets au sein de mon environnement. Si je pouvais ainsi les voir ou les toucher, c'était parce que j'étais là, moi aussi.

Vint un moment où je me sentis prêt à vivre seul. Je serrais les dents chaque fois que j'éteignais les lumières pour aller au lit, mais j'arrivais à affronter mes craintes avec plus de hardiesse. Mes cauchemars étaient moins violents que durant les premières semaines de mon arrivée à la maison. J'avais encore du mal à trouver le sommeil. J'étais cependant moins effrayé. Durant les nuits qui avaient succédé à mon retour, il suffisait qu'un avion passe au-dessus de chez moi pour que j'envisage d'emblée la probabilité qu'il s'écrase précisément sur mon toit ! Le plus gros de cette tempête était terminé. J'invitai donc mon frère à rentrer chez lui pour préparer son exposition. J'allais beaucoup mieux, mais mon moral n'était pas toujours au beau fixe. J'éprouvais dans ma poitrine un tremblement constant ; la lourde boule d'émotion que j'avais ressentie à l'hôpital s'était muée en quelque chose de plus discret et de moins saisissable. Une chose qu'il me faudrait décortiquer patiemment pour en préserver l'essence.

Car cette sensation qui m'inondait était précieuse. Même si elle me plongeait parfois dans la mélancolie, j'entrevoyais qu'elle contenait toutes les réponses que je cherchais pour saisir les raisons du miracle qui m'avait soustrait à la mort. Cette sensation recélait l'itinéraire de ma nouvelle vie. Il s'agissait d'un message de Dieu.

Le Centre montérégien de réadaptation m'offrit bientôt l'occasion de renouer avec la physiothérapie et l'ergothérapie. Je n'avais jamais cessé de m'entraîner, et le bilan que les spécialistes dressèrent de ma condition physique fut exceptionnel. Je m'achetai une bicyclette de course que j'équipai d'un dispositif qui me permettait de l'utiliser en mode stationnaire. Je parcourus quelques centaines de kilomètres dans le confort de mon salon. Je me rendais presque chaque jour au CMR en taxi. La neuropsychologue, celle à qui j'avais fait mon petit discours sur la nécessité de se détendre, m'aida à atténuer les troubles provoqués par la claustrophobie. Un matin, elle m'accueillit en m'expliquant que, pour vaincre ses peurs, il fallait tout d'abord se résoudre à les affronter. Je devais franchir un seuil, et elle veilla à me guider vers cette étape importante. Le centre de réadaptation comportait un ascenseur particulièrement étroit et très peu éclairé. L'intervenante me convia à une séance dans cette machine infernale qu'elle immobilisa entre deux étages ! Cette rencontre dura plus d'une heure. L'angoisse m'étouffait. Je pleurais abondamment. Je ressortis néanmoins vivant de cette atroce expérience. Aujourd'hui, je ne peux pas dire que je raffole des ascenseurs, mais je les utilise fréquemment sans trop de crainte. La sensation qui me dérange le plus survient lorsque l'appareil amorce sa descente. Ma neuropsychologue m'a affirmé que, quand j'ai chuté de plusieurs mètres pour me retrouver sous les décombres de l'hôtel, mon cerveau a enregistré cette impression de chute, qu'il associe à présent au danger.

Je retournerai un jour en Haïti. Un peu comme l'a fait ma neuropsychologue, l'un de mes bons copains, qui a servi dans l'armée salvadorienne avec laquelle il a vécu d'éprouvants épisodes, m'a affirmé qu'il était important que je retourne sur les lieux où mes peurs ont été engendrées. Cet homme m'a même proposé de m'accompagner là-bas. Une certaine partie des droits d'auteur de ce livre servira à constituer un fonds d'aide pour un orphelinat haïtien. Cette intention est née en même temps que l'idée de publier cette histoire. J'ai déjà fait de nombreuses démarches pour préparer ce projet. En cours de route, je dus composer avec l'absurdité d'une dame dont le manque flagrant de jugement me mit hors de moi...

Durant une grande partie de sa vie, et même après son décès, l'un de mes oncles, Alphonse Perreault, a largement contribué au bon fonctionnement d'un orphelinat construit sur l'Île-à-Vache, un endroit situé à une demi-heure de bateau de la ville haïtienne des Cayes. Cette île fut épargnée par le séisme, mais l'orphelinat, fondé il y a vingt-neuf ans par la dévouée sœur Flora Blanchette, sert de refuge à quarante-quatre enfants haïtiens. Seize d'entre eux sont handicapés. Mon père me transmit les coordonnées de la congrégation qui représente sœur Flora. Je communiquai avec la religieuse qui est responsable des dons reçus par cette communauté basée à Québec. Malheureusement, cette sœur gestionnaire m'a convaincu que la misère du monde ne la concernait pas. Lorsque je lui exposai mon projet, elle se montra d'abord réticente. Elle me dit que le tremblement de terre haïtien avait ouvert la porte à bien des charlatans. Depuis le 12 janvier, sa congrégation avait dû composer avec les fausses promesses de deux donateurs qui avaient utilisé son nom pour étayer leur frauduleuse campagne de financement. Je compris parfaitement le motif de son embarras. Je lui parlai de mon oncle, dont le nom et la générosité ne lui étaient pas étrangers. Je lui expliquai que mon projet n'engagerait en rien sa communauté : je ne mènerais aucune campagne de financement, et le seul nom que j'utiliserais serait le mien. Je tenais seulement à ce que la congrégation s'assure que la totalité de mes dons parviendrait bel et bien à sœur Flora Blanchette. La gestionnaire me donna l'impression de comprendre mes visées. Elle me fixa rendez-vous à Québec deux semaines plus tard. Je me rendis là-bas pour cette rencontre. En fait, j'avais presque rejoint la Vieille Capitale quand je téléphonai à la religieuse pour l'avertir un peu à l'avance de mon arrivée. Elle me dit qu'elle n'avait pas le temps de me recevoir. Elle ajouta que, de toute manière, les membres de sa congrégation n'étaient pas intéressés par ma proposition. Elle acheva son discours en me disant que ma requête lui demanderait trop de travail. Quel magnifique exemple de charité chrétienne ! Je m'emportai un peu. Si le fait d'envoyer de l'argent en Haïti constitue une trop grosse somme de travail, surtout pour une congrégation qui possède déjà toutes les structures pour le faire, il est préférable que ce pays ne compte pas trop sur l'aide de ces missionnaires ! La terre d'Haïti est dévastée. Plus de neuf mois après le séisme, nous sommes forcés de constater à quel point sa reconstruction tarde à se mettre en branle. En songeant à la réponse que m'a donnée cette religieuse, qui profite sûrement d'un lit moelleux et de trois repas par jour, comment s'étonner de l'inertie de l'humanité devant cette catastrophe ? Il paraît que sœur Flora ne possède même pas sa propre chambre. Elle dort parmi les enfants que son orphelinat abrite. J'ai l'intention de lui faire savoir que la congrégation qui la représente au Québec l'appuie... dans la mesure où cela ne lui demande aucun effort. Grâce à mon ex-belle-mère, je suis entré en contact avec un jeune prêtre haïtien qui m'aidera à trouver un orphelinat qui acceptera mon don. J'irai moi-même là-bas afin de remettre l'argent aux responsables de cet établissement. La charmante Martine Garneau, toujours prête à se sacrifier pour ce petit pays qui a conquis son cœur, m'accompagnera.

27 — Mon sac de voyage

fut déterré des ruines du Montana. Lorsque je reçus le colis qui le renfermait, j'hésitai avant d'oser l'ouvrir. On m'avait dit que, du fait qu'ils avaient passé plusieurs semaines au cœur d'un charnier, il était plus que probable que mes bagages sentent la putréfaction. On m'avait aussi conseillé de décacheter le paquet qui les contenait à l'extérieur de la maison. La perspective de respirer cette odeur de mort ne m'enchantait pas. Toutefois, je m'inquiétais principalement au sujet de la réaction que j'aurais quand je poserais les yeux sur ce souvenir tangible du tremblement de terre. Je déposai le colis sur la pelouse de la cour arrière. Je l'examinais d'un air craintif quand un ami choisit ce moment opportun pour pénétrer dans ma cour. Je mis le nouveau venu au courant de la situation. Il m'observa en silence pendant que j'ouvrais le paquet. Après avoir déchiré le sac de plastique qui l'enveloppait, je soulevai mon sac de voyage en le tenant à bout de bras, un peu comme s'il s'agissait d'une bête dégoûtante. Il ne sentait pas mauvais. Il en émanait une vague odeur de marécage mêlée à celle, plus franche, de la mer. C'était l'odeur de Port-au-Prince avant le désastre. Mon sac avait été très abîmé. Il était équipé d'un support roulant pour faciliter son transport. L'armature de métal de ce support était complètement tordue. Le tissu était déchiqueté à quelques endroits. Contre toute attente, je ne fus pas trop troublé par ce dépouillement. La présence d'un ami à mes côtés contribua sans doute à rendre ce moment moins intense. Quelques mois auparavant, j'avais glissé des objets dans ce sac avec insouciance. Je les récupérai avec des gestes respectueux d'archéologue. Mes vêtements étaient restés intacts. Ils eurent droit à un petit tour de machine à laver. Dans la soirée, je rejoignis quelques copains pour regarder une partie de hockey dans un bar. Je portais un polo violet que j'avais retrouvé dans mon sac de voyage. Je regrettai vite de m'être montré aussi audacieux. Ce vêtement m'oppressait. Chaque fois que je prenais conscience de son contact contre ma peau, je me revoyais dans les décombres du Montana. Cette nuit-là, je fus incapable de m'endormir.

J'ai vendu mon bateau. J'aurais sans doute fait de même avec ma moto, mais on me l'a volée : un prétendu acheteur qui désirait en faire l'essai s'est effrontément enfui avec ma monture. L'énorme véhicule utilitaire qui a déjà fait ma fierté fait maintenant le bonheur d'un autre. Ma maison aussi a été vendue. J'habite à présent dans un petit condo fort sympathique qui correspond mieux à l'homme que je suis devenu. Aujourd'hui, je m'émerveille moins devant les beautés du monde. Je les trouve toujours aussi impressionnantes, mais j'ai atteint un équilibre qui m'impose de les admirer différemment ; pas seulement avec mes yeux, mais avec chaque parcelle de mon être. Je n'ai plus besoin d'une canne pour me déplacer. Je ne suis pas encore en mesure de courir. Cependant, ça ne saurait tarder. La douleur m'incommode encore, mais son niveau est très tolérable. Je ne prends plus de morphine, et ma médication a été considérablement réduite. J'ignore quand je pourrai retourner au travail. Ma concentration n'est pas à son maximum, mais, de ce côté, je sens une nette progression. Ces mots vous sembleront peut-être exagérés, mais je considère la terrible expérience que j'ai vécue comme un cadeau de la vie. Personne ne peut vraiment grandir dans la facilité. Je réalise que je me voyais très grand avant de traverser ces épreuves. J'avais la santé, du muscle, de l'argent et une belle gueule. J'aimais m'entourer d'amis. D'une foule d'amis ! Plus il y avait de gens à mes réceptions, et plus j'avais l'impression d'être un type épatant ! Je prétendais aimer la nature et je disais que j'admirais les actions de ceux qui luttaient pour la protéger. Pourtant, je conduisais un pétrolier ! J'étais aveugle !

J'ai grandi. Assez pour comprendre que je ne suis qu'un tout petit homme qui existe sur une planète vulnérable. Rien de ce que je pourrai posséder ne me suivra dans la tombe. Et j'y ai un peu goûté, à la tombe! J'aime toujours les belles choses. Seulement, les objets à la mode finissent par devenir désuets. Le cycle de la consommation est sans fin. Je ne cherche plus à plaire aux autres. Je ne vois plus l'intérêt de m'entourer d'une foule de personnes. Dans une réception, les échanges sont généralement futiles. Les sourires n'ont souvent rien de sincère. On n'en retire que du vide. Je préfère maintenant partager un repas simple avec un ou deux véritables amis. Je veux prendre le temps d'écouter ceux que j'aime. Je veux aussi tenir des conversations enrichissantes.

Je suis beau. Tout comme vous l'êtes. Êtes-vous conscients de votre beauté et de votre richesse? Ne regardez pas le matériel qui vous entoure. Votre apparence physique n'a pas d'importance. Tout cela est éphémère. Votre vraie beauté se trouve au fond de vous! La plus grande des richesses, c'est la vie! Mais la vie est fragile, mes amis. N'hésitez jamais à dire à vos proches que vous les aimez. Donnez-vous l'occasion de faire ces petites choses que vous vous promettez de faire depuis longtemps. Il ne faut rien remettre à demain, car demain ne viendra peut-être pas. Redevenez un enfant. C'est avec des yeux d'enfant que je contemple maintenant le monde. Il est magnifique, croyez-moi! Je m'appelle Marc Perreault, je suis à l'aube de la quarantaine... et je suis né deux fois.

La production du titre *Sous les décombres de l'hôtel Montana, Récit d'un survivant du séisme en Haïti* sur 2 158 lb de papier FSC-Silva Scolai 94M plutôt que sur du papier vierge aide l'environnement des façons suivantes:

Arbres sauvés: 18
Évite la production de déchets solides de 529 kg
Réduit la quantité d'eau utilisée de 50 014 L
Réduit les émissions atmosphériques de 1 161 kg

C'est l'équivalent de:

Arbre(s): 0,4 terrain(s) de football américain
Eau: douche de 2,3 jour(s)
Émissions atmosphériques: émissions de 0,2 voiture(s) par année

FSC Recyclé
Contribue à l'utilisation responsable
des ressources forestières
www.fsc.org Cert no. SGS-COC-003153
© 1996 Forest Stewardship Council

MARQUIS
Marquis imprimeur inc.

Québec, Canada